失敗を成長に導く
40のアプローチ

まちがいだらけの学級経営

大前 暁政
Omae Akimasa

明治図書

はじめに
日々の教育活動から学び続けるために

「学び続ける教師」になることが重要だと言われています。

日々の教育活動を振り返り、反省を行います。自分の教育行為のどこがよくて、どこが悪かったのか、自らを省みます。そして自分の教育行為を改善していくのです。

最高の教育を目指して、絶え間なく改善を続けていく。そのことで、よりよい教育ができますし、教師としての力も高まっていきます。

では、どうすれば、日々の教育活動から学べるのでしょうか。

教師生活を送る中で、様々な出来事に出会い、経験をするはずです。

その出来事から何を学び、今後の教育にどう生かせばよいのでしょうか。

本書は、「日々の教師生活の経験から何を学び、自分の実践にどう生かせばよいのか」を紹介するものです。

私もまた、自らを省みる活動を続けてきました。放課後のだれもいない教室で、1日の出来事を振り返るのが常でした。そして、学びや振り返りを、日記に記録していたのです。

本書では、私自身の経験や、出会った出来事を紹介しながら、そこから何を学び、どう教育行為を改善していけばよいのかを紹介しています。

本書のテーマは「学級経営」です。学級経営に関して出会った出来事や経験したことを、どう振り返り、自らの実践にどう生かしていくのか、「学び続けるとはどういうことなのか」の一端が明らかになるはずです。


教育活動には、うまくいくこともあれば、うまくいかないこともあります。

成功から学べることもありますし、失敗から学べることもあります。

だれしも自分の失敗を見つめ直すのは辛いものです。だから、失敗から学べる人は多くありません。しかし、失敗の中にこそ、教師生活の糧になることが多々あります。つまり、**学び続けるには、失敗を成長につなげるためのアプローチも必要**なのです。

本書の構造として、最初に「失敗のエピソード」を紹介しています。続いて、そのエピソードから何を学び、どう実践に生かすべきか（私が何を学び、どう実践に生かしたか）を紹介しています。

本書には様々な人物が登場します。私の経験が主なので、主人公の多くは私なのですが、他の人物も登場します。失敗例が多いこともあり、少し事例をぼやかすために、「三人称」の人物を登場させ、エピソードを紹介するようにしています。

本書が、「学び続ける」ことのヒントになることを願っています。

※本書で示した研究成果の一部は、JSPS 科研費 JP 20K03261の助成を受けたものです。

２０２２年12月

大前　暁政

もくじ
Contents

第2章 まちがいだらけの「子ども対応」

第3章 まちがいだらけの「環境・雰囲気づくり」

第4章 まちがいだらけの「学級システムづくり」

第5章 まちがいだらけの「行事・生活指導」

第1章
まちがいだらけの「集団づくり」

1

「全員が深い絆で結ばれた学級」を一足飛びにつくろうとしている

「どうしたら集団の絆が深まるのだろう」

これが、若いB先生の悩みでした。

B先生は、毎年30～40人の学級を受けもっていました。個性ある子どもたち全員の絆をどう深めていけばよいのか。それがわからなかったのです。

例えば、定期的にお楽しみ会や遊びのイベントなどをしてみても、仲のよい友だちで固まってしまい、全体で協力する姿が見られません。また、授業でも、仲のよい友だちとなら話し合いが活発にできるのですが、それ以外の人とは対話が進まないのです。

「1年経っても結局仲のよい友だちとしか協力できない」「授業で話し合いをさせても、活発な対話ができない」と、毎年のようにB先生は同じ悩みを抱えていました。

学級では、対話や協働の場面がたくさんあります。例えば、学級の問題が発生したら、解決のための話し合いを行います。話し合いで決まった解決策を実行するには、協働が必要になります。

他にも、学校行事のイベントで、学級全体で出し物をするときがあります。このときは、10人、20人規模のチームで協働する必要があります。時には学級40人全員で企画・運営しなくてはなりません。

大人数での協働が必要な場面ほど、仲のよい２～３人の友だちで固まっている状況ではうまくいきません。

「全員を仲良くさせるのは難しい。しかし、せめてだれとチームになっても協働できるようになってほしい」、そう願うのですが、それも実現できず、子どもたちの関係性は深まらないまま、１年が経過していくのです。

子どもの中には、たった1人の友だちとしか協力できない子もいますし、そもそも友だちをつくるのが苦手な子もいます。個々が砂粒のようにバラバラで、なかなか集団としてまとまることがない。そんな学級を受けもつこともありました。

自治的な活動などは、夢のまた夢。集団としてのまとまりがない状態で子どもたちに様々な活動を任せても、失敗するのは明らかだったからです。

集団づくりの手立ての順序性を知ろう

集団づくりを進めるには、**集団づくりの手立ての順序性**を知っておく必要があります。まず必要になるのは、**だれもが「安心・安全」に過ごせるようにすること**です。これは最低条件とも言える状態です。

子ども集団は、放っておくと弱肉強食の世界になっていきます。権力の強い者と弱い者に分かれている状態です。時には、権力の強い子が弱い子を虐げる場合もあります。こういった状態をつくらないよう、「いじめや差別は許さない」と教師が宣言します。そして、ルールやマナー、モラルを確立して、学級に秩序をつくるのです。こうして「安心・安全」の確保がなされます。

続いて、**子ども同士の関係性や、子どもと教師の関係性を高める手立て**を打っていきます。子ども同士で協力できるようにし、集団への所属感を感じられるようにするのです。

例えば、少人数のチームで協力する場面を用意します。4人程度でよいので、学習や生活の場面で協力する場面を用意し、協力できたことを称賛していきます。チームは毎回ランダムに組みます。こうしていろいろな人と協力させていきます。すると、「あの人とは協力できた」という絆が生まれます。また、協力できてうれしかったという感情も生まれます。よい感情を伴う体験があれば、次もまたチームで協力しようという原動力や自信につながります。

こうして、徐々に様々な人と絆が生まれ、一人ひとりにとって、学級がアウェイではなくホームグラウンドになっていくのです。これが所属感を確保した状態です。

なお、所属感の確保の仕方には、他にも様々な方法があります。例えば、「自分は学級に貢献できている」と感じられるよう、何らかの役割を与えることもその方法の1つです。そして、その役割を果たしていることに、教師はもちろんのこと、まわりの友だちからも称賛が集まるようにするのです。すると「自分はこの集団の仲間として認知されている」と感じられます。これもまた、所属感を確保したことになります。

このようにして、ようやく大人数での協調や、学級全体での自治ができるようになっていきます。重要なのは、集団づくりにはこうした順序性があるということへの理解です。

学級の絆は、意図的・計画的に深められるようにしていくことが大切なのです。

2

「子どもを個別に叱ること」で学級を落ち着かせようとしている

教師になって数年のW先生は、自分の力不足を認識していました。経験が浅いので、管理職の配慮もあり、問題の比較的少ない学級を担任していました。

ある年も、引き継ぎでは落ち着きのある学級ということでした。そう聞いていただけあって、4月の最初、子どもたちは確かに落ち着いて生活していました。W先生は、がんばる子が多いことに安堵し、今年は大丈夫そうだと、内心うれしく思っていました。

ところが、5月、6月と時間が経つにつれ、様子が変わってきました。ルールやマナーを守らない子どもが出てきたり、授業中のおしゃべりが止まらなかったりと、逸脱行動が増えてきたのです。

例えば、「色鉛筆を使いなさい」と指示しているのに、教師の指示を無視して色ペンを使っている、といった具合です。教師の指示通りにやろうとしないのです。

他にも、毎回の授業で、多くの子が3分遅れて教室に入ってくるようになったのです。掃除を適当にして、ちょっとだけ早く終わって教室に帰って来る子もいます。「少しぐらいサボってもいいや」と思っているようなのです。

挙げ句の果てに、「席替えをします」と席を指定したのに、勝手に席を移動する子が出てきました。自分の席と友だちの席を交換して平然と座っているのです。これには、W先生もさすがに閉口してしまいました。

こうして徐々に、集団としてのルールやマナー、モラルの崩れが生じてきたのです。

4月の時点では、このような崩れや緩みはありませんでした。そのため、4月は「優しい教師」「叱らない教師」としてW先生は過ごせていました。

5月、6月と過ぎても、W先生は、厳しく叱るのではなく、たしなめる程度で対応していました。急に厳しく叱る教師に変貌することに、躊躇していたからです。

3か月もすると、4月とは打って変わって、騒々しい集団になっていました。

掃除を少し早く終わっていた子は、掃除場所に現れなくなり、他の場所で遊ぶようになりました。宿題を適当にしていた子は、「忘れた」と言ってやらなくなりました。授業に3分遅れてきた子は、10分ぐらい遅れるようになったのでした。

逸脱行動のエスカレートは、まさに「雪だるま式」でした。

ここに至って、W先生は、「厳しく叱らないといけない」と決意しました。そして、一人ひとりを個別に呼んで叱ることにしました。

ところが、効果はかんばしくありません。叱られた子はしばらく規律を守る素振りを見せます。しかし、他の子が逸脱行動を止めないので、影響されて逸脱行動をともにするようになるのです。一人ひとりを叱っても、効果がないのです。

それどころか、叱られる回数が増えるほど、叱ることの効果が薄らいでいるようでした。叱られることに慣れてきて、少々叱られたぐらいでは平然としている子どもが増えてきたのです。

こうして、4月最初は落ち着いていた学級は、半年後には荒れた学級になってしまいました。保護者からクレームが届くようにもなりました。

W先生は、何とかして学級を立て直そうと努力しました。しかし、荒れた集団には、厳しく叱っても効果は薄いばかりか、子どもから反発が生まれるようになりました。「うるせーな」、「わかったわかった、しつこいよ」などとボソッと言う子もいました。W先生が叱ることで、さらに逸脱行動が増えていく始末なのです。

学級集団としてのゴールを子どもと共有しよう

この事例は、多くの若手教師が一度は通る典型的なパターンです。このような失敗を通して教師としての力を養っていくのですが、できれば大きな失敗は避けたいものです。

この事例から、何を注意したらよいのかを考えなくてはなりません。

気を付けたいことの1つ目は、「**一人ひとりを個別に呼んで叱る行為**」です。

集団全体が規律を守らないのですから、個別に叱っても効果は薄いばかりか、教師との人間関係が悪化してしまいます。事例でも明らかなように、デメリットは大きいのです。

大切なのは、全体に指導することです。「授業中、おしゃべりは止めます。考える邪魔になるからです。また、発表のときに聞こえないからです」

このようにピシッと全体に言えばよいのです。すると、全員が授業中のおしゃべりはダメなんだなと共通理解できます。理由もはっきりしているので、納得できます。

このようにすると、**ルールやマナーを守らない子がいても、子ども同士で注意し合うよ**

うになります。しかも、ルールやマナーを守っている子を教師がほめることができます。ほめることで、ルールやマナーをさらに意識づけることができるのです。

つまり、教師は叱る必要がなくなるのです。

さらに言えば、力のある教師は、「禁止事項」だけを言うことはしません。必ず、**集団が目指すべき理想のゴールを、目に見える形で語ってみせる**のです。

例えば、「授業中、私語はしません」と言うよりも、次のように語った方がよいのです。「考えを発表し合って、より高い考えをつくり出してほしいのです。自分の考えをどんどんノートに書いて発表しましょう。そして、積極的に友だちの考えを聞きましょう」

このように理想のゴールを示し、学級集団全体で共通理解させるのです。そうすれば、「禁止事項」よりも「理想のゴール」の方に子どもの意識が向きます。子どもたちは、何をがんばればよいのかがわかります。教師はがんばっている子を見つけて称賛できます。称賛された子はますますがんばるようになります。

このような、プラスのサイクルを生むことが大切なのです。

なお、理想のゴールは、できるだけ具体的に語ることが大切です。

「先生の見た学級で最高だと思ったのは、討論できる学級です。先生が入らなくても、次々と意見が出ます。人の話を真剣に聞いています。メモをとる人もいます。反論も自由に言えます。自由に意見が言える雰囲気があるのです。そこを目指したいのです」

このように、ゴールが目に見えるように語るのです。これは「**ゴールのビジュアライゼーション**」と呼ばれ、集団のリーダーがフォロワーに向けて行うべき重要な行為の1つです。「理想状態＝ゴール」がわかっているからこそ、子どもは何に力を注げばよいのかがわかります。すると、教師はがんばっている子をほめることに注力できます。

つまり、**「ダメな行動を減らす」という意識ではなく、「ゴールに向かってがんばっている子をほめ、よい行動を増やす」という意識になることが重要**なのです。

ここで重要なのは、集団づくりのゴールを示したことです。

集団としてのゴールを教師が意識するだけでなく、教師の意識を、教師が目指している集団の理想状態を、子どもにも語って示すべきなのです。

すると、教師も子どもも、集団としての理想状態が共通理解できます。だから、同じイメージで語り合い、ゴールに向かって努力を重ねることができるのです。この事例の場合、**4月には落ち着いていたのですから、そのときに望ましい理想のビジョンを教師が語るべきでした**。そしてがんばりをほめる方向で集団を導くべきだったのです。

3

「できるだけ教えない」で活動をさせている

ある小学校に赴任した校長は、学校経営方針で、「教師ができるだけ教えず、子どもに任せて伸ばすこと」に重点を置きました。「子どもは自分で学び、成長できるのだから、教師は指導を控え、子どもの支援に徹すればよい」という考えをもっていたのです。

この学校経営方針は、当時の教育委員会の後押しもあり、「未来の学校はかくあるべき」と、4月からその方針で教育が行われることになりました。

「教師は指導を控え、徹底して支援に回り、見守る」

「教師の考えを押しつけない。子どもの考えを尊重する」

このような「目指す教師像」も示され、新しい学校づくりがスタートしました。

若いU先生は、方針に従い、**できるだけ「教えない」よう心がけました**。学級経営において、「こんな行動を大切にしなさい」などと指導しないようにしたのです。

「できるだけ教えない」方針は、授業でも採用することが望ましいとされました。そこでU先生は、「小学生には教えるべき場面が多いのだけどな…」と思いつつも、教えることを躊躇し、話し合いや調べ学習などの「活動」を多くするよう心がけました。

あるとき、U先生が校内の研究授業をすることになりました。U先生は「教えるのを最小限にしよう」と、「できるだけ教えない指導案」をつくりました。

ところが、指導案検討会で、「教え過ぎだ」という批判が続出しました。「指導案ではなく、『支援案』にすべきだ」「指導という言葉をすべて支援という言葉にすべきだ」「教師は活動を見守っておくべきだ」と、強く修正を求められてしまったのです。

そこで、できるだけ「教える場面」をなくし、とにかく活動中心で授業を進めることにしました。授業後の研修会では、管理職や教育委員会の指導主事が口々に言いました。

「教師が教えるのではなく、子どもが学ぶようにしていくべきだ」

「教師があれこれ教えるのはよくない。子どもに考えさせ、活動させたらよい」

若いU先生は、教師が前面に出た「積極的な指導」はダメなことだと考えるようになりました。そして、ますます教えるのを躊躇し、子どもに任せるようになりました。そうすることで子どもの主体性が出てくると、その学校では言われていたからです。

ところが、子どもの主体性はなかなか高まりませんでした。運動会をするにしても、学校祭りの出し物をするにしても、主体的に取り組む子が少ないのです。授業でも、自分から問題を発見したり、粘り強く解決したりする子が少ないのです。

あるとき、同じ若手教師のC先生の学級を見ることがありました。同年代のC先生の学級は、U先生の学級と違って、子どもが自分から進んで動いていました。明らかに主体性が育っているように思われました。

不思議に思いC先生の学級を時折覗くようになりました。すると、あることに気づいたのです。それはC先生が「大切にしてほしい価値観と行動」を頻繁に語ることでした。

「昨日の行事の準備で、先生は感心したことがありました。それは、参加する人が楽しめるよう工夫を考えた人がいたことです。AさんとBさんです。それが先生はすばらしいと思ったんです。行事のゴールは、自分たちも参加者も楽しめることでしたよね」

「授業では、ハテナを自分で見つけることが大切です。そのハテナから、学びが深まることが多いのです。ハテナが浮かんだ人は、ぜひノートにメモしておいてください」

ここでU先生は気づきました。C先生は、大切にしてほしい価値観と行動を語り、理想とすべきゴールを教えていたのです。そしてゴールを子どもと共有していたのです。

価値観と具体的な行動を活動の前に示そう

「できるだけ教えない」という教育方針は、数年経って多くの無理が出てきました。子どもたちは、ルールやマナーなど簡単なことですら、教えないと身につかなかったのです。当然、個や集団を成長させることも困難になりました。この経験を通して、その学校の教師たちは、「教えるべきことは教える」「任せるときは任せる」という「場面によって指導方法を柔軟に変えたらよい」という当たり前の原則を心から理解したのです。

さて、教える際、子どもに大切にしてほしい価値観と行動を示すことは効果的でした。**活動後に示す際には、がんばった子どもの名前をあげ、称賛しながら語るとさらに効果的**でした。だれが価値のある行動をとっていたのか、具体的に子どもにわかるからです。

また、「先に」大切な価値観と行動を示すことも重要でした。**活動前に示すことで、集団に「理想とすべきゴール」をイメージさせ、共有させることができるから**です。

例えば、運動会などの行事前に、次のような指導の時間を取るのです。

「運動会の練習では、最初よりも成長して記録が伸びてきました。表現運動もそろってきました。よくがんばりました。本番には多くの人が見に来ます。見に来ている人にかっこいいところを見せたいですね。どういう姿を見せたら喜んでくれると思いますか？」

問われることで、子どもたちは様々に思考し始めます。

「一生懸命競技に取り組んでいたら、かっこいいと思ってくれると思う」

「表現運動で、みんなの動きを合わせていたらかっこいいと思ってくれると思う」

このように、大切にしてほしい価値観（練習したら、自分の力が伸びること。見に来てくれている人を喜ばせることが大切なこと）を示し、どういう行動をすればよいのかを考えさせるのです。**価値観を示し、具体的な行動の例まで頭に描かせるから、「じゃあ、こんなことを頑張ろう」と思える**のです。

すると、子どもたちは、がんばろうと決めた行動を進んで行うようになります。自分でその価値観が大切だと納得し、理想のゴールの姿を頭に思い描くことができたからです。そして教師も、子どもと一緒に考えた「がんばる行動」が見えてくるようになります。

運動会後には、子どものよさやがんばりを称賛できます。「運動会前に言っていたがんばりができていましたね。Aさんは演技がキビキビとできていましたよ。Bさんはリレーであきらめずに最後まで全力で走っていました。すばらしかったです」

ここで大切なのは、**体験を通しているところ**です。「練習に一生懸命取り組んで成長できた」「みんなと動きを合わせることができた」「本番が大成功だった」「観客が喜んでくれた」という体験を通して、「気持ちいいなあ」という前向きな気持ちになりました。

価値観を示し、具体的な行動例を理解させ、目指すべきゴールを頭に描かせます。そして、実際に行動させ、前向きな気持ちになる体験をさせたのです。

だから、教師が語った価値観・行動が「本当に重要だな」と、実感として理解することができるのです。前向きな気持ちを伴う体験があれば、次もまた「この価値観を大切にして行動しよう」と思えるのです。

こうして、学級の子どもたちは、教師が教えた価値観・行動を大切に日々の生活を送るようになります。教師は大切にしてほしい価値観・行動を積極的に示すべきなのです。

これは、授業場面でも同じことです。**活動を子ども主体で行う場合でも、「どういう話し合いが望ましいのか」、「どういう調べ学習がよりよいのか」を先に示せばよい**のです。

子どもたちは、教師が示した価値観・行動を理解します。そして、望ましいゴールへのビジョンを頭に描きます。こうしてゴールを各自が意識しながら行動できるのです。

4

学級が荒れる原因を特定の「個人」に求めている

ある小学校では、学級崩壊の問題が深刻でした。毎年どこかの学級が荒れ、授業が成立しなくなるのです。中でも、特別支援を要するA君が荒れの中心と言われていました。

4月に新しく担任になったH先生は、前担任から引き継ぎを受けました。

前担任が言うには、「A君が暴言を吐いたり、騒いだりとトラブルを起こすので、学級全体に荒れの雰囲気が広がっている」とのことでした。

確かに、引き継ぎで聞いていた通り、A君は逸脱行動の多い子どもでした。始業式から私語が止まらず、悪ふざけを繰り返し、学級開き直後にも友だちにいたずらをしてトラブルを起こしました。授業が始まっても参加しようとせず、黙々と手悪さをしています。休み時間にも、友だちとけんかになったり、いたずらを注意した教師に暴言を吐いたりしました。気分不良になると、教室を抜け出してしまうこともありました。

しかし、H先生は、A君以外の子が気になっていました。

なぜなら、まわりの子が、A君の荒れを助長する行動をとることがあったからです。A君がハイテンションになっていたり、怒っていたりするときに、それをまわりの子がはやし立て、火に油を注ぐような行動をするのです。

あるとき、こんなことがありました。

ある子が、自分の宝物をこっそり学校に持って来ました。小さなキーホルダーのようなものを、ポケットに忍び込ませていたのです。それを他の友だちが見たいと言ったので、その子は「見たらすぐ返してよ」と渡しました。

ところが、友だちはそれをうっかりどこかに落とし、なくしてしまいました。大切な宝物がなくなったので、持ち主は意気消沈して、泣いてしまいました。

その一部始終を見ていたA君は怒り出しました。「わざとでなくても、大切なものをなくしたのは悪いことだ」。そう言って、なくしてしまった子に注意し始めたのです。

さて、この様子をたまたまH先生は見ていました。H先生が違和感を覚えたのはここからです。

このやりとりを見ていたまわりの子がどういう動きをしたかというと、A君が怒っている様子をはやし立て、「やれやれ！」とけんかを煽ったのです。

落ち度があった子が逃げ出したのに対して、興奮したA君は自分の持っていた荷物を放り投げ、全力で追いかけました。追いかけ合いは校舎外にまで及び、H先生も2人を追いかけることになりました。

この間に傍観者たちは、A君の持ち物をこっそりどこかに隠しました。追いかけ合いが終わり、興奮冷めやらぬ様子で教室に戻ってきたA君は、自分の荷物が隠されていたことを知り、さらに怒り心頭することになったのです。

表面上、荒れの中心は確かにA君に見えるかもしれません。しかし、A君はもともと正義感が強く、悪意があって行動することは少ないのです。ただ、感情を抑えることが苦手という性格が災いし、トラブルが起きることが多いのです。

しかし、A君をはやし立てたり、荷物を隠したりする行動は、悪意からきています。他人の不幸やトラブルを楽しむという、とんでもない行動です。このような行動が、日常茶飯事なのです。**トラブルが起きたら、エスカレートするようにまわりが導く**のです。

学級が荒れる原因は、A君以外の、もっと根の深いところにあるのではないか。H先生はそう感じるようになっていました。

環境＝集団の質を高めよう

学級の荒れは、学級で起きている「現象」の1つです。

結果として、荒れの現象が起きています。では、原因は何なのでしょうか。

この事例では、「個人」を荒れの原因と見ている傾向があります。しかし、H先生が気づいたように、実は個人よりは、「環境」の方に大きな原因が存在する場合があります。

つまり、**「集団にトラブルを助長する雰囲気がある」ことの方に問題がある**わけです。

いわば、「荒れやすい環境」になっているから、荒れた学級になってしまっているのです。

私たち教師は、何か問題が発生すると、子ども個人の資質に原因を求めがちです。子どもも個人の性格や性質が原因だと、無意識に断じてしまうのです。

ところが根本的な原因は、その子のまわりの環境であり、集団の質だということもあるのです。問題が起きやすい環境になっているから、荒れが続いてしまうのです。

では、原因の根本から解決するにはどうしたらよいのでしょうか。

答えは簡単です。**荒れやすい環境ではなく、正反対の、前向きな行動をとりやすい環境をつくればよい**のです。つまり、環境である集団の質を高めていくのです。荒れる子どもにはエネルギーがあります。問題はそのエネルギーをどこに注げばよいかわからないことです。そして、まわりではやし立てる子どもたちにも何らかのゴールが必要なのです。**4月のできるだけ早くに、「どういう集団でありたいのか」「どういう集団が望ましいのか」という、「集団が目指すべきゴール」を学級で共有しないといけません**。これは、集団の質を高めるための出発点とも言える手立てです。

ここでも教師の語りが重要になります。教師の考える理想の学級を語ればよいのです。「本気で挑戦している人はすばらしいです。本気になってやっている人が失敗しても、バカにしてはいけません。本気で挑戦したこと自体がすばらしいからです。本気でがんばれるような集団にしていきましょう」「一人ひとりのよさは違います。一人ひとりは違っていていいのです。友だちのよさやがんばりに注目できる学級にしていきましょう」

教師の語りを参考にして、子どもたちも理想の学級の姿を考えるようになります。

こうして、学級開きから1週間ほどしてから尋ねます。「この学級を、どんな学級にしたいですか。こんな学級になったらいいなという理想を紙に書きなさい」

配付した紙に書かせます。そして、それを1つずつ教師が読んでいきます。
「いじめのない、みんなが仲良く過ごしている学級がいい」「困ったときは助け合える学級にしたい」「一人ひとりのよさを認め合う学級にしたい」「がんばっている人をバカにしない学級にしたい」。このように、一人ひとりの思いや願いを読み上げていきます。読み上げるからこそ、一人ひとりの思いや願いが全員に共通理解されます。

そして、「一人ひとりのよさを認め合える。困難なことがあっても力を合わせて解決できる。そんな集団を目指そう」などと、一人ひとりの思いや願いを含んだスローガンを教師が考えます。そして、そのゴールに向かって進むよう呼びかけるのです。

荒れた子どもたちのエネルギーを、ゴールに向かって注げるようにしていくのです。

もし荒れた行動があったとしても、目指すべき集団のゴールと合致しているかどうかで、その子を指導することができます。子どもも納得して指導を受け容れます。

そして、全体の意識がゴールに向かうことで、自然と行動も変わってくるのです。

集団づくりは、目立つ子への個別指導だけでは不十分です。その他大勢の子の指導も忘れてはなりません。**学級の大部分の子ががんばるようになると、荒れていた子も、その雰囲気に影響され、自然とがんばるようになっていくもの**です。

5

「子どもの実態」を無視して指導方法にこだわっている

ベテランのM先生は、学級経営の実力があると定評がありました。若いころから保護者や子どもから慕われ、信頼を集めていたと噂される教師でした。

当時、M先生の勤めていた小学校では、学級の荒れが問題になっていました。特にある学年の荒れはひどく、学年全体が荒れてしまい授業が成立しなくなりました。新しい年になり、その荒れた学年を、ベテランのM先生と、若手のK先生、2名の中堅教師の合計4名で受けもつことになりました。

荒れた集団を前にして、若手のK先生は思いました。「何とか授業だけは成立させないといけない」。そして、毎日の授業を充実させることに注力しました。前日に授業の細案を考え、教材を工夫する努力を欠かさず行うようにしたのです。

K先生の努力もあり、授業は落ち着きのある雰囲気の中で行われるようになりました。

K先生は、とにかく「できる・わかる」授業をまず目指していました。全員が「できる・わかる」状態になっているか確認し、毎日、授業を振り返り、改善を進めました。

管理職やその他の教員にも授業を公開しました。自主的に研究授業を行い、批評を受け、授業改善を続けました。よくない指導や気づいていなかった子どもの姿を、参観者から教えてもらう毎日でした。K先生は、自分には見えていなかったこと、気づかなかったことが山のようにあることに気づかされ、愕然とする毎日でした。しかし、参観者からの助言を、次の日の授業に生かすよう心がけました。

K先生は、謙虚に人の話を聞くよう心がけました。放課後などに模擬授業をして、先輩教師に授業を見てもらい、アドバイスをもらうことも行っていました。

一方、M先生は、ある研究団体の推奨する授業方法や集団づくりの方法を長年やってきた教師でした。M先生は、この授業方法や集団づくりの方法がよいと、よく若手のK先生に語り、同じように指導するよう勧めてくるのでした。

さて、M先生は30年のキャリアがあったため、自分の授業方法や集団づくりの方法に絶対の自信があるようでした。自信のせいか、M先生はK先生の授業を見て、「こんなやり方は私は嫌いだ」と非難することがありました。M先生の授業とK先生の授業は、進め方が異なっていたのです。

K先生の授業は、「教師が教えること」に重点が置かれていました。そのため、「もっと子どもに活動させた方がよい」とM先生から非難されたのです。K先生は謙虚にその言葉にも耳を傾けました。できるだけ、思考する場面や話し合いの場面、子どもたちで解決する場面を取り入れるよう努力しました。

ただし、活動が多くなると、特別支援を要する子が混乱することもあったため、丁寧に教える場面も取り入れました。こうして無理なく学習を進められるようにしたのです。

しかし、前年度まで荒れていたため、基礎学力に不安のある子が多く、どうしても教える場面が多くなってしまうのでした。しかし、K先生は子どもに合った授業が第一だと考え、教える場面が多くなっても、とにかく「できる・わかる」授業を大切にしました。

さて、半年ほど経ったころです。あきらかにM先生の学級の荒れが進行していました。

M先生の学級で子どもの暴言が聞こえ、子どもの暴れる音が聞こえ、授業どころではなくなってきたのです。大きな音が心配でK先生が見に行くと、子どもが複数暴れていることもありました。いすや机をたたいて大声で暴れているのです。もちろん、授業どころではなく、他の教師と暴れる子どもを抑える事態となりました。暴れた理由は、「M先生の授業がわかりにくいから」「わからない自分に対して、M先生が嫌味を毎日言うから」というものでした。その後も授業の荒れは止まず、M先生への批判が保護者から噴出するようになりました。

K先生は、とにかく日々の授業の充実に注力し続けました。授業が落ち着いた雰囲気の中進められるので、荒れは次第になくなっていきました。それどころか、勉強に苦手意識をもっていた子、自信のなかった子が、次々と自分から学ぶようになっていきました。

K先生は若いながらも、あることに気づいていました。それは、**集団をづくりの方法論をどれだけもっていても、崇高な授業理論や実践を知っていても、子どもの実態に合ったものでないと、効果は発揮できない**ということです。

つまり、「今の子どもに必要な指導は何か」を考えないといけないということです。今の子どもに必要な指導を行いつつ、未来のゴールを見据えながら、ゴールに合わせて指導を柔軟に変えていかないといけないのです。

また、K先生はもう1つ気づいたことがありました。それは、学級経営における「集団づくり」と「授業づくり」は両輪であり、どちらも欠かすことができないほど大切なものだということです。

自らの実践を振り返るシステムをつくろう

ある指導の方法が、子どもによって、よくも悪くもなるのはなぜでしょうか。

理由は簡単です。**指導方法は万能ではなく、子どもの実態に合っていないと、効果を発揮できないから**です。

荒れた雰囲気で自信のない子、学力が低い子が多いなら、「教えること」に重点を置いたK先生の授業が合っていたのです。考えさせたり、話し合わせたりといった活動中心の授業は、荒れた子どもたちの実態には、まだ合っていなかったことになります。教えてほめることで、荒れた子どもたちの自信を取り戻すことを優先すべきだったのです。

ベテランのM先生は、授業づくりの方法も集団づくりの方法も、数多く知っていました。キャリア30年ですから、理論や方法に精通していて当然です。毎月のように集団づくりの新しい取組を行っていたのです。学級旗をつくり、学級で力を入れて取り組むマナーやモラルを考える時間を取り、楽しいイベントを企画するといった具合です。

しかし、授業がうまくいかない状態で集団づくりの取組を行っても、効果を発揮しないのが現実でした。

最大の問題は、**自分のやり方に固執していること**です。

子どもの実態は毎年違います。時代によっても、子どもの実態は変わっていきます。子どもの実態に合わせて、自分の指導をアップデートしていかないといけないのです。

さらにもう1つ問題があります。それは、**自らを省みるシステムがないこと**です。

学級経営は、上には上があります。例えば、子どもが規律を守りながらも、自由にのびのびとした雰囲気があり、自分から進んで動ける学級があります。やらされているのではなく、自分から進んで動いているのです。そんなよい雰囲気が漂っている学級が、世の中にはあります。そういったすばらしい学級経営から学ぶことは多くあります。

そして「今年はよい学級経営ができた」と担任が思っていても、それでもダメなところがあるものです。100点満点はないのです。必ず改善すべき点があります。

だから、大切なのは、教師が自らを省みるシステムをつくることです。

例えば、子どもへのアンケートや保護者アンケートを行うこともシステムの1つです。ときどき管理職や同僚に授業や学級の様子を公開するのもよいシステムです。

私の場合、若手教師から学級を参観したいと申し出があったときには、いつでも受け入れるようにしていました。そして放課後になって、自分より若い教師に、自分の学級での改善点を尋ねるようにしていました。

なぜこういうことをしていたかというと、**「自分には見えてないこと」が必ずあるとわかっていたから**です。人は、自分が知っていることや、自分が重要だと思っていることしか気づけませんし、見えません。つまり、人によって、見える物事が違うわけです。だから、たとえ自分より若い教師であっても、自分に見えなかったことを指摘してくれることがあるのです。

保護者アンケートや子どもへのアンケートから、自分に見えていなかった改善点に気づかされることもありました。

無記名のアンケートで、学級経営のダメなところを書いてくれる保護者がいたことがあります。その保護者の子は活躍しているように見えたのですが、「先生が我が子より他の子をひいきしている。我が子も大事にしてほしい」という要望が書かれていました。

確かに、その子はよくできる子だったので、特別支援を要する子や困っている子、助けを求める子にばかり関わってしまっていたと謙虚に反省しました。

そして、その子にもっと話しかけ、がんばりをほめるようにしました。反応はすぐに返ってきました。保護者から「最近の先生の指導にとても満足している」と手紙が来たのです。また、子ども本人も、先生とたくさん関われてうれしいと言いに来ました。

学級経営は、どんなに気をつけていても、教師が気づかない改善すべき点があるものです。特に、**自分に自信がある人ほど気づきにくい**と言ってよいでしょう。だからこそ、自分には見えないことがあると自覚し、だれかの指摘を受け、改善できるシステムをつくる必要があるのです。

授業も同じです。私は定期的に授業公開を行っていました。いわゆる校内の研究授業や、対外的な公開授業、自主的な公開授業をよくしていたのです。管理職にも参観をお願いすることがよくありました。研究授業での一番の学びは、私が気づかなかった子どもの姿を、参観者の多くが気づいてくれ、教えてくれることでした。

「あの子は、自分なりに工夫してゲームをしていましたよ」

「あの勉強が苦手な子が、こんないい意見を言っていましたよ」

こういった感想が出るたびに、学級の子をほめてもらったうれしさと、それに気づけなかった自分へのはずかしさを感じていたのです。

6

学級の問題の解決を「子ども任せ」にしている

初任者のＬ先生の学級では、元気な子が幅をきかせていました。

例えば、給食の時間。おかわりで元気な子がたくさん盛るのです。おとなしい子は、おかわりに行ってもほとんど残っていなかったと、残念そうにしています。

掃除のときは、元気な子が「雑巾がけが嫌だ」と言って、ほうきばかりやろうとします。雑巾の順番が回ってきても真面目にしようとしません。雑巾を足で踏みつけ、適当にやるのです。その結果、他の子が掃除を肩代わりしないといけなくなってしまうのでした。

それでも、４月は真面目な子が多かったので、真面目な子ががんばることで、うまく収まっていました。元気な子が数人だったこともあり、Ｌ先生の目には、問題は小さく見えていました。「しばらくすれば、子ども同士でうまくやるだろう」とおおらかに構えていたのです。

ところが、5月、6月と経過するにつれ、真面目に取り組んでいた子たちが徐々にやる気を失っていきました。真面目にやるほど損をする状態に納得できないからでした。

やがて子どもから声が上がるようになりました。「先生、○○君注意してよ」「先生、○○さんと○○君、最近行動がひどいです」といった訴えが入ってくるようになったのです。

しかし、L先生は、「自分たちで解決するのが大切だよ」と返事をするだけで、特に指導しませんでした。**学級の問題は集団で解決するのがよい方法だと信じていたから**です。

真面目な子の不満は日増しに高まっていきました。「教師が頼りにならない」「ズルをする子が得をして、正直者が損をしている」と不満をあらわにするようになりました。

結局、子どもたちは、教師が頼りにならないと判断しました。そして、教師に反発するようになったのです。教師の指示に従わない子や素直に聞かない子が増えていきました。

教師からすれば、「子どもたちに、自立や自治の力が育っていない。もう少しがんばってほしい」と思っています。一方、子どもからすると、「教師は、ズルをしている子を注意できず頼りない」「真面目な人が損をしているのはおかしい」と思っています。

結局、その1年間は、学級の荒れが徐々に進行していき、自立や自治を実現するどころか、授業の成立すら危ぶまれる状況になったのです。

集団づくりの土台を築くことから始めよう

この事例では、教師が自立や自治を実現しようとしています。

たしかに、自治を促し、自立の力を育てることは大切です。自立や自治のために、集団の問題を子どもたちで解決するよう促すという方針も間違っていません。

では、どうして学級経営がうまくいかなかったのでしょうか。

それは、**「集団づくりの順序性」に沿った指導ができていなかったから**です。

ルール、マナー、モラルが学級に浸透していない状態で、自治は実現できません。まずは土台として、「ルール、マナー、モラル」を確立しないといけないのです。

では、ルール、マナー、モラルを学級集団に教えるのはだれの役割でしょうか。

これはもちろん、学校であり、教師です。家庭や社会で教えることも大切なのですが、学校や学級の過ごし方を教えていくのは、やはり教師の役割なのです。

昔から、「無理が通れば道理が引っ込む」といいます。正直者が損をしている状況では、真面目な子ほど、やる気がなくなっていきます。その結果、秩序がなくなり、無法がまかり通るようになるのです。**学級崩壊の大きな原因の1つが「正直者が損をしている状態」にある**のです。

ルールやマナー、モラルを確立し、秩序ある環境を用意するのは、教師の最低限の役割です。秩序のない状態で自治を促すと、待っているのは混乱です。この事例では、「教師があえて子どもを注意しない」のですから、秩序はますますなくなってしまいます。これでは、教育の放棄とも言える事態です。

確かに集団づくりのゴールは「一人ひとりの自立」です。そして、自立の力を養うには、仲間と協働しながら、学級生活をよりよくしていく「自治」を促すことが大切になります。自分たちのことは自分で行い、問題が発生したらみんなで解決していく。そんな自治を促すことが大切なのです。

これは正しい考え方なのですが、最初から自治を促してもうまくいかないのです。

集団づくりには順序性・系統性があります。

順序性・系統性には、様々な考え方が発表されています。例えば、私の提案する「学級経営ピラミッド」(次ページ)もその1つです。

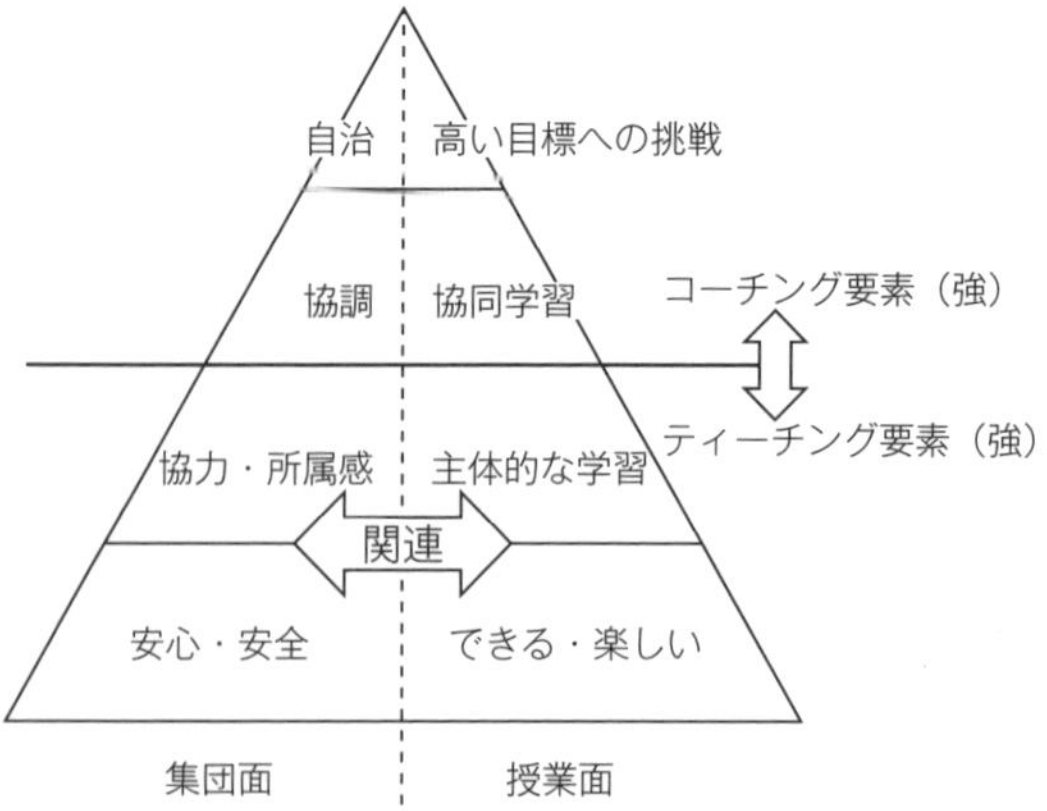

ピラミッドの右側に「授業面」の成長段階を、左側に「集団面」の成長段階を、それぞれ4段階で示しています。

「集団面」の一番下の土台は、「安心・安全」を確保することです。つまり、**ルール、マナー、モラルを浸透させ、秩序をつくり上げることが最初に必要**なのです。

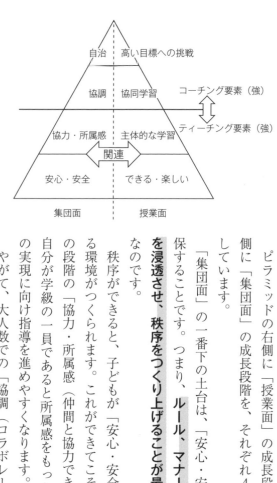

秩序ができると、子どもが「安心・安全」に感じる環境がつくられます。これができてこそ、1つ上の段階の「協力・所属感（仲間と協力できる状態、自分が学級の一員であると所属感をもった状態）」の実現に向け指導を進めやすくなります。

やがて、大人数での「協調（コラボレーション）」ができるようになり、最終的には集団で「自治」ができるようになります。こういう順序性・系統性に従って、集団づくりの指導を行った方が無理なく集団の質を高められるのです。

給食のおかわり１つとっても、学級が荒れにつながる危険が潜んでいます。どの子にも公平に給食を食べられるようにしていく工夫が教師に求められます。

私の場合は、食べ始めてしばらくしてから私がおかわりの分配をしていました。その際、最後におかわりに来た子には少し多めに配っていました。最後の子は、みんなに譲ってくれたからです。**譲ってくれた正直者が得をするようにした**わけです。正直者が得をすることは、集団の「安心・安全」につながります。

最後の人がほんのわずかながら、おかわりを多くできるとなると、状況が一変します。我先にと争っておかわりには来なくなります。むしろ、「お先にどうぞ」と譲り合うようになります。最後の方が得だからです。

そして、最初は利己的に譲っていた子も、譲り合うと気持ちがよいことに気づきます。また、急いで食べておかわりするよりも、ゆっくり味わっておかわりをした方がよいことにも気づいてきます。こうして、学級に落ち着きが生まれ、秩序が生まれるのです。

たかが給食のおかわりですが、**教師の指導を通して、「正直者に得をさせる」システムを組んだからこそ、よい雰囲気がつくられていった**のです。

7

「子どもの自然な成長」を過信している

若いI先生は、「子どもたちは自然とルールやマナー、モラルを守るよう成長する」と思っていました。そのため、教師が意図的に指導しなくてもよいと考えていました。

I先生の考え方はこうです。「家庭や社会でもルールやマナー、モラルを教えてもらっているはずだし、子どもは自然と成長するから、自律・自立できるようになるはずだ。そして自然と協力できるようになり、自分たちのことは自分たちでやるようになるはずだ」

ところがI先生の予想や願いに反して、1年経っても、学級はI先生の理想像とはかけ離れた姿のままでした。I先生が、「こうなってほしい」と望む、個の理想像、集団の理想像に遠く及ばないのです。それどころか、教師が指導しないと、ルールやマナー、モラルすら身につかず、まとまらない集団のまま1年が終わってしまうのでした。

I先生には他にも悩みがありました。それは、**子どもが子どもらしく過ごしていると、**

失敗や叱られる出来事が数多く起きることです。

例えば、「行事で静かにすべきところで騒いで遊んでいる」「宿題を忘れたのに、お構いなしで休み時間に外で元気よく遊んでいる」といった具合です。

Ｉ先生は、休み時間に子どもと遊ぶことがよくありました。Ｉ先生は、「休み時間ぐらい、みんなが満足するよう楽しく遊ぶだろう」と思っていました。ところが、子どもたちの様子を見ていると、自分のチームが有利になるようズルしたり、仲のよい子だけでチームを組んだりするのです。そして、休み時間の遊びですら、よくけんかになるのでした。

問題行動（とＩ先生が思う子どもの行動）のたびにＩ先生は叱ります。叱るたびに子どもの意欲は下がり、先生と子どもの関係が悪化してしまうのです。

ルールやマナー、モラルを守らない子が多いので、この状態では、集団としてまとまるのは難しいとＩ先生は感じ始めました。そして、教師が教えるべきことは教えないと、集団としてはまとまらないどころか、個人が好き勝手にしている状態が１年続くことに気づいたのです。

このことを同年代の先生に尋ねると、みな賛同してくれました。同年代の教師はＩ先生と同じような悩みを抱えていたのです。

おおらかに構えつつ、問題を教育の場面にしよう

集団を育てるには、まずは、「何がよくて何が悪いのか」というルール、マナー、モラルの確認が大切になります。ルール、マナー、モラルを確認するからこそ、集団に秩序が生まれます。そして、互いを注意し合って、よりよい集団を目指そうと個々が思えるのです。これは集団づくりの「土台」と言える重要なことであり、前提条件とも言えます。

ここで注意点があります。それは、**ルール、マナー、モラルを最初から数多く教師が示して、逐一指導するのは得策ではない**ことです。

4月最初に示すのは最低限でかまいません。ルールなら「学校のきまりは守りましょう」、マナーなら「先生が話しているときは静かに聴きましょう」、モラルなら「差別は許しません」といったように、特に重要なものだけ示すに留めておきます。

それよりも、**定期的に理想の集団や個の姿を語ることで、徐々にルール、マナー、モラルが浸透するようにしていく方が効果的**です。

教師が思い描く理想の姿は、4月の段階では子どもたちはだれも知りません。知らないことは実現しようがありません。だからこそ、教師が心の中で描いている理想の集団の姿や理想の個の姿を語らなくてはなりません。

理想像を語った後は、「子どもらしく自由に生活すればよい」とおおらかに構えておきます。そして何か問題が生じたら、「その問題を教育の場面にしよう」と考えたらよいのです。これぐらいの余裕がほしいのです。問題を教育の場面にすることで、ルールやマナー、モラルが徐々に定着していくのです。

例えば、学級に緩みが出て、宿題などの提出物を出していない子が増えてきたとします。小学生なら、楽しい感じでやりとりしながら、教育の場にしていけばよいのです。

私が3年生を受けもっていたとき、お楽しみ会を12月にする予定でした。ちょうどその時期、多くの提出物があり、提出できていない子が複数いました。私は「責任をきちんと果たしてこそ、やりたいことを主張できる」ことを教えるよい機会だと考えました。そこで、次のように指導することにしたのです。

「先生はね、みんながかんばっているからお楽しみ会をしたいと思っています。でも、本当にがんばっているか、念のために確認します。まずは、安心して過ごせる学級になっているかどうか、です。だれかが意地悪していたとか、友だちに迷惑をかけていたとか、そういう話がちらっと今日出ていたのでね。休み時間のチーム分けがひどいとか、ルールを守らないとか、そこはどうですか？」

教室はシーンと静寂に包まれました。実は、この日、私は2回の休み時間に、子どもたちと一緒に遊んでいたのです。そのとき、自分に有利なようにチームを編成したり、ルールを逸脱したりする子がいて、他の子がクレームを出している場面がありました。

こういう姿をおだやかにたしなめようとしたのです。さらに言いました。

「もう1つ尋ねます。今日は提出物がたくさんありました。この提出物を、すべて出せていますか？（「やばい！」の声あり）失敗はだれにでもあるので、挽回できたらいいのでしたよね。明日休み時間に遊ぶときには、みんなが安心して遊べたらいいですね。提出物も、明日には出せますよね（みんな「うんうん」とうなずく）」。

「じゃあ、明日挽回してください」

このひと言で、「ふ〜、よかった」と安堵の表情の子どもたち。

翌日のこと。

「今日の宿題は出せているかな…？　宿題は全員出せていますね。さすがですね」

子どもたちは笑顔になってきました。

「自分のことを反省できる人も多いですし、やっぱりがんばっている人が多いから、お楽しみ会をやりましょう」

こう告げると、「やった〜」の大合唱となりました。

子どもが失敗したり、子ども同士のトラブルが起きたりすることはよくあります。そんなときは、「失敗したら挽回すればよい」「トラブルが起きたら次に同じようなトラブルが起きないようにする方法を考える機会にすればよい」と教える好機だと捉えていました。

そして、**叱るのではなく、教師も一緒に挽回の方法を考えたり、トラブルが次に起きない方法を考えたりといったスタンスで指導する**のです。

このようにして、折に触れて教師の理想のイメージを子どもに伝え、そのイメージを子どもと共有しておくことは大切です。そうすれば、子どもは「こんな集団（個人）に成長していけばよいのだな」と理解できます。

トラブルが起きたときほど、教師が理想として描く「集団の姿」や「個の姿」を語るよいチャンスです。**問題が発生したときには、「理想像を示すチャンスがきた」というぐらいの余裕で、おおらかに構えればよい**のです。

8

無意識のうちに「目立つ子」だけに関わっている

若いD先生は、教師になって5年ほど経ったとき、あることに問題意識をもつようになりました。それは、子どもがもつ「自己評価」に大きな違いがあることです。

自己評価とは、目標に対して自分なら達成できると思える「自分自身の能力への評価」を意味します。

学級に30人、40人の子どもがいると、自己評価の高低に大きな違いがあるのです。

自己評価の高い子は、4月最初から前向きにがんばることができていました。

一方、自己評価の低い子は、後ろ向きな姿勢で、粘り強くがんばれないのです。

D先生は、学級経営がうまくいけば、全員の自己評価を高められることがだんだんわかってきました。自己評価が高くなると、子どもは自分で目標を設定し、目標に向かってがんばるようになりました。

さて、4月最初から前向きにがんばっている子に、D先生はよく声をかけ、ほめていました。先頭でみんなを引っ張っていく役割を任せることもありました。

4月最初から後ろ向きで、やる気を出せない子たちにも、D先生は積極的に対応していくのが常でした。がんばる子とは違う意味で目立っていたからです。例えば、宿題をやってこない、授業中の課題を適当に済ませる、ルール違反をよくするといった具合です。自己評価が低く、後ろ向きな子どもたちは、失敗経験を重ねている子もいれば、教師に何度も叱られた経験をもつ子もいました。過去に自己評価を低くする出来事があったので、現在も前向きになれないのです。D先生は、何とかこの子たちの自己評価を高めようと、声をかけ続けました。

つまり、D先生は「自己評価が高く、前向きにがんばる子」と、「自己評価が低く、後ろ向きでがんばれない子」ばかりに声をかけていたのです。意図的にそうしたわけではなく、無意識にそうなってしまっていたのです。

そのことに気づかされる出来事がありました。それは、ある子の日記に「先生は、自分のがんばりを見てくれない。がんばりを認めてくれない」と書いてあったからです。この子は、前向きにがんばる子、後ろ向きでがんばれない子の「中間」に位置する子でした。

相対的に見ると中間に位置し、目立たない子だったのです。この**「中間層」の子への指導が行き渡っていなかった**のです。

さらにD先生は、荒れた学級を受けもったとき、次のような失敗をしました。

その学級は、4月の時点で、「自己評価が低く、後ろ向きでがんばれない子」の割合が高く、3割超の子どもたちが荒れていました。そして、「自己評価が高く、前向きにがんばる子」が、1割未満だったのです。そして、残り6割を「中間層」が占めていました。

そこでD先生は、前向きにがんばる子に、全体を引っ張っていく役を期待し、前向きにがんばる子を「先頭集団」として育てようとしたのです。

ところが、前向きにがんばる子は1割未満だったので、なかなか全体のやる気に火がつきませんでした。しかも、**「中間層」の子どもたちは、達観してしまっていました**。つまり、毎日のように荒れた子が学級の雰囲気を悪くするので、「この学級はよくならない」と、あきらめの境地に達していたのです。

若いD先生は、どうしたら学級全体が1つの方向に向かってやる気を出していくのかわからず、途方に暮れてしまったのでした。

どんな戦略を採っても、特定の子だけに関わっていないかを振り返ろう

4月、受けもった学級で、子どもの自己評価に高低差があることがよくあります。自己評価が違えば、表面的に見える「がんばる姿勢」も違って見えます。

もし自己評価が低く、がんばれないのならば、その子の自己評価を高めていかなくてはなりません。自己評価を高めるには、成功体験を用意することや、その子の小さながんばりを認めることなどが必要になります。

D先生はがんばっている子を先頭集団として育て、学級全体のやる気を高めようとしました。確かに、先頭集団ががんばると他の子もがんばるようになることがよくあります。例えば、高校で先頭集団が難関大学に合格する率が高まると、学校全体の合格率が高まってきます。残りの多くの生徒にも、志望校を高めようとする意識が働くからです。

集団として、よりよい方向に向かうようになると、「高い目標に向かって挑戦して当たり前」と思えるようになります。個々の自己評価が高まり、「みんながんばっているか

ら、自分もがんばれるはずだ」と思えてくるからです。

さて、ここで選択すべきいくつかの戦略があります。

1つは先に述べた通り、**先頭集団を育て、まわりの子を引っ張ってもらう戦略**です。ただし、これが通用しない場合があります。それが荒れた学級です。

そこで、**「中間層」を育てる戦略**があります。中間層の子の自己評価を高め、やる気を引き出し、もともとがんばっていた子と合わせて、学級全体の雰囲気を前向きなものにしていくのです。学級の大半ががんばるようになれば、荒れていた子もその前向きな雰囲気に影響され、がんばるようになります。

さらに、他にも戦略はあります。**荒れた子に対して学級開きからきめ細かな個別対応を行い、やる気と自信を取り戻すことに注力する戦略**です。成功体験を味わわせ、自己評価を高め、「今年はがんばれそうだ」と、何としても思わせるのです。

荒れた子ががんばるようになると、学級全体の雰囲気が前向きになってきます。こうして、前向きな雰囲気や行動が学級に浸透するというわけです。

どの戦略を採るのかは、学級の実態によります。また教師の考え方によっても変化します。意識的か無意識かは別として、いずれかの戦略を採っていることが多いのです。もちろん、学級集団全員に対して指導を重点的に行うのが理想です。しかし担任は１人しかいないので、指導の重点はどこかに置かないといけないわけです。

さて、**どの戦略を採っても忘れがちなのが、重点を置かなかった子どもへの対応**です。

例えば、荒れた子につきっきりで関わっていると、がんばっている子や「中間層」の子どもが「先生は関わってくれない」と不満をもっているかもしれません。教師自身は、学級のために尽力しているつもりでも、相対的に教師が関われなかった子は不満に思っているのです。両者の思いがすれ違っているわけです。この事例でも、「自己評価が高く、前向きにがんばる子」と、「自己評価が低く、後ろ向きでがんばれない子」に教師が積極的に関わっていますが、「中間層」が置き去りにされていました。

このように、教師がつい、「目立つ子」にばかり関わってしまうのはよくあることです。つまり、**がんばっている子、がんばれない子は目立つので、自然と関わる回数が多くなり、結果として、「中間層」に関わる回数が減ってしまう**のです。

私にも同じような経験があります。荒れた学級を受けもったとき、荒れた子に関わる場面が多くありました。そして、荒れた子のやる気は、５月ぐらいには向上してきました。

ところが、他の子の指導がおそろかになっていたのです。そこで私は意識的に、６月ころを境に、去年まで荒れていた子以外の子に積極的に関わるようにしました。

おとなしい子は、内心様々な目標に挑戦したいと思っていながら、まわりの目を恐れ、挑戦できなかったのです。しかし、今は違います。昨年度荒れていた子ががんばり、リーダーに立候補し、責任ある役割に就いています。もともと前向きにがんばっていた子も、今年も変わらずがんばっています。

そこで、目立たない子、縁の下の力持ちの子にも、私が積極的に助言したり、がんばりを認めたりして、様々な目標にチャレンジするよう促しました。

こうして、荒れていた子の目を恐れて挑戦を躊躇していた子どもたちが、責任ある役割に立候補したり、イベントを企画したりして、楽しく学級で過ごすようになったのです。

本来、学級経営が成功すれば、全員の自己評価は高いまま維持されます。どの子も高い目標を設定してがんばれるはずなのです。だから本当は、「がんばる子」「がんばれない子」「中間層」などと区別しなくてもよいものです。しかし、前年度の学級経営がうまくいっていないと、4月の時点で子どもの自己評価に高低差ができてしまっているのです。

その際、**どんな戦略を採るにしても、「特定の子どもたちだけに関わっていないか」と教師が自らを振り返る必要がある**のです。

第2章 まちがいだらけの「子ども対応」

9

「過去の延長線上」で子どもを捉えている

荒れた過去をもつA君。高学年になり、少しずつがんばるようになってきました。苦手な算数や国語でも、授業に参加するようになりました。嫌いな体育ですら、休まず真面目に取り組むようになっていました。昨年度までは、最初から授業に参加しないか、少しでも気に入らないことがあると教室を脱走していたのです。

さて、がんばるようになってきて、しばらく経ったときのことです。

どういうわけか、専科の家庭科だけは、「参加したくない」と本人が言うのでした。家庭科の曜日になると、「学校を休む」と家から連絡が入るのです。

学校に来ていても、家庭科の時間になると、「具合が悪くなった」と言って、保健室や図書室で過ごしたがります。家庭科室に入れても、授業の途中で「漢字練習をする」と言って教室に帰ってくることがありました。

教師3年目の若いU先生は、理由をA君に何度も尋ねましたが、話してくれません。「なんとなく具合が悪くなるから」という返事だけが返ってくるのでした。

業を煮やしたU先生は、ある日、専科の家庭科の授業を見に行くことにしました。いったいどういう理由でA君が授業を嫌がっているのか、突き止めたかったからです。

家庭科は、かつてA君を担任していたベテラン教師が授業を担当していました。

2時間続きの授業を参観し、若いU先生は、あることに気づきました。それは、ベテラン教師が、**A君の過去をもち出し、非難する場面が頻繁に見られた**ことです。

例えば、ミシンを使って袋を作成する際、A君はミシンをうまく使いこなせませんでした。それを見た専科の教師が、「A君は昔から不器用だったよね。ミシンは難しいでしょ？」などとひと言告げるのです。

また、集中力の持続が困難なA君は、授業中にときどきよそ見をしてしまい、教師の指示を聞き逃してしまうことがありました。それに気づいた教師がまたも言います。

「A君はいつも話をちゃんと聞けないよね。適当にやるなら、やらなくていいです」

そして、とうとう2時間目の冒頭に事件が起こりました。ベテラン教師が、A君に次のように言ったのです。

「やる気がないのなら、授業を受けなくてかまいません。家庭科室を出て行きなさい」

その瞬間、A君は家庭科室を飛び出していきました。

ここに至って、若いU先生は、事態の全体像を知ることになったのです。

A君は、繰り返し非難を浴び、最後には「出て行きなさい」と言われて、仕方なく、図書館や教室で過ごしていたのです。読書や漢字練習をしていたのは、せめて「サボっていると思われたくない」という本人のプライドだったのでした。

担任のU先生は、急にA君のことが気の毒に思えてきて、健気だとも感じました。

さっそく放課後に、専科のベテラン教師に話をしに行きました。「A君への非難を止めてほしい」「最近前向きにがんばっているのだから、やる気を削がないでほしい」と、誠心誠意伝えました。ところが、ベテラン教師は次のように反論してきたのです。

「私はかつてA君を担任していた。昔から私ほどA君をこまめに、丁寧に指導してきた教師はいない。A君が成長できることを切に願っている。叱るのも教育なので、A君を大切に思うがゆえに厳しくしている。若いU先生は、私の教育方針に口を出さないでほしい。むしろ、A君が授業に集中できるように、担任であるU先生から言ってほしい」

結局話し合いは平行線を辿り、うまく解決できなかったのです。

未来のゴールから逆算して子どもの現状を捉えよう

この事例には、根本的な間違いが複数含まれています。最大の間違いは、**ベテラン教師がA君の過去の姿にとらわれ、「自己評価」を下げる言動をしていること**です。

A君からすれば、高学年になってがんばるようになってきたのです。

高学年になったA君の自己評価は、次のように変わってきていました。

「自分はがんばれば苦手な教科でもよい点が取れるはずだ」

「自分はよいところがたくさんあるのだから、授業でもがんばれるはずだ」

「今までは苦手な教科もあったけど、がんばっているから克服できるはずだ」

新しい学年になり、自己評価が高まり、自分自身への新しいイメージが生まれてきていたのです。

自分自身がもつ自分へのイメージは、「**自己イメージ**」と呼ばれます。

自己評価を高め、よい自己イメージをもたせることは重要です。**人はだれでも、自己イ**

メージに合致した考え方・行動を自然ととるようになるからです。

若い担任のU先生は、学級開きから、成功体験をいくつも用意しました。苦手な漢字テストで高得点を取らせたり、嫌いな体育で新記録を出させたりしていたのです。その結果、A君の自己評価が高まりました。

自己評価が高まることで、高い目標にも挑戦できるようになりました。その結果として、A君の自己イメージは、新しいものへとようやく変化してきたのです。

5月以降も、新しい自己イメージをA君がもち続けられるよう、努力を認めたり、励ましたりしてきました。A君はようやく前向きにがんばれるようになったのです。

ところが、ベテラン教師の対応は、U先生とは異なるものでした。過去の荒れていたころを思い出させる非難を何度もぶつけていたのです。A君からすれば、せっかく新しい自分に生まれ変わったのに、「そうではない」と繰り返し言われているのと同じです。

私たち教師は、子どもの自己評価を下げる言動を慎むべきです。

もし、どうしても子どもに注意しないといけないなら、次のように言えばよいのです。

「集中していないなんて今日は珍しいね。普段の調子なら大丈夫だからがんばろう」

「集中力が切れてきたかな？　でもいつもがんばっているから、今日も期待しているよ」

これなら、注意されても、自己評価は下がりません。なぜなら、**その子のいつものがんばりを称賛する言葉や期待感を表す言葉が入っているから**です。むしろ、注意されるごとに、高い自己イメージを意識することになります。

よくない過去の延長線上で子どもを捉えてはいけません。確かに、A君には荒れた過去があります。しかし、今はがんばっているのです。過去をもち出しても何の生産性もないばかりか、現在に悪影響が生じています。

むしろ、子どもに「**その子が成長した未来の理想像**」をイメージさせるべきです。「最近ここができるようになったね。次はもっとできるようになるよ」「目標を達成するには、今はこれができないといけないね。少しずつできているから、いい調子ですよ」

こんなふうに、その子が成長した未来を描きながら、未来の理想のゴールに向かっていると励ますのです。その言葉が子どもの自己評価を高め、新しい自己イメージをつくるのです。つまり、未来のゴール側から逆算して、子どもの現状を捉えるべきなのです。

この事例の困った点は、ベテラン教師が「自分ほどA君のことを大切に思っている教師はいない」と自負していることです。しかしその自負が、A君の過去の過ちや失敗を思い出させ、過去に縛りつけてしまっているのです。

10

「厳しく叱る」ことで子どもを変容させようとしている

若いK先生は、荒れた学級を受けもつことがよくありました。

荒れた学級には共通する現象が見られました。それは、多くの子の自己評価が低いことです。特に、去年まで荒れていた子どもたちは自信がなく、自暴自棄になっていました。

「どうせ今年もオレはダメだ」

「どうせみんなに嫌われているんだ。オレなんていない方がいいんだ」

4月の出会いから、このようにK先生に向かって言う子もいました。

引き継ぎでは、子どもたちの去年までの荒れた様子を数多く聞かされました。毎日のように教師に暴言を吐き、友だちとけんかをし、地域ではものを盗むなどの迷惑をかけていました。

授業では私語が止まず、学習に向かう子はごく少数ということでした。

K先生は、「去年荒れた子は、今年も荒れるかもしれない」と心配し、「何とか荒れを抑えよう」と決意していました。

その結果、どうしても叱る場面が多くなってしまいました。教師に暴言を吐いたり、ルールを逸脱したりといった行動が見られるので、つい厳しく叱ってしまうのでした。

厳しく叱っても、子どもの生活態度や生き方は変わりませんでした。それどころか、ますます自己評価は低くなり、やる気を失って、荒れはエスカレートしていきました。

「根本的な対応の仕方が間違っているのではないか」。A先生は自問自答しますが、毎日多くのトラブルが起きるので、対症療法的に厳しく対応するしかありませんでした。

厳しく叱っても、効果は長続きしません。やがて、元のように荒れた行動を見せるようになり、また叱る羽目になるのです。

明らかに悪循環が生じていました。子ども対応のやり方を根本から変える必要がありました。

子どもが荒れるのは、自己評価が下がっているからだとわかっているのですが、どう対応してよいのか、若いK先生にはわからなかったのです。

何とかしないといけないと焦るのですが、荒れを抑えるので精一杯といった感じで日々が過ぎていきました。

先入観なくゴールを描かせ、それを維持するための働きかけをしよう

ある年受けもった学級に、問題行動を頻繁に起こすと言われて引き継いだ子がいました。前担任の話では、去年まで教師に反抗したり、地域に迷惑をかけたりと、問題行動を繰り返していたとのことでした。引き継ぎでは、その子の悪いところや問題行動が数多く伝達されました。最後に、「今年もきっと荒れるに違いない」と、前担任から言われました。

さて、4月の出会いまでに、何をすべきかを私は考えました。私がまずやったのは、**引き継ぎで聞いたその子の「悪いイメージ」を変えること**でした。**その子のよさを1つでも多く探そうと、他の教師やその子をよく知る養護教諭に聞き取り調査に行った**のです。子どものよいところ、去年までにがんばっていたことを知りたい一心で尋ねて回ったのです。すると、多くのよさやがんばりが見つかりました。

例えば「低学年には優しい」「毎日外で元気に遊び運動は得意」「掃除は時間をかけて丁寧にできる」「行事は前向きに取り組む」「叱られても再びがんばろうとする」などです。

中にはこんなことを教えてくれる教師もいました。「本当は優しくて素直なのだけど、うまく自分を表現できなくて荒れた行動をしているだけなんだよ」

様々な人から話を聞くうち、私は自分の先入観が変わっていくのに気づきました。その子に対する悪いイメージが先行していましたが、反対によいイメージが頭に浮かんでくるようになったのです。先入観はだれでももってしまいがちです。「どの教師にも先入観があるなら、その子に対してよい先入観を自分に植えつけた方がよい」と気づきました。

続いて、学級開きで私がやったのは、**その子と個別で10分程度話をすること**です。放課後に残るように言い、2人で話をしました。面談では、去年までのその子のがんばりを私が知っていることを伝えました。**「去年こんなことをがんばったと聞いています」と、がんばった事実を列挙していった**のです。

事実は子どもにとって何より重いものです。照れながらも、「そういうこともあったな」「先生ほめ過ぎだよ」などとうれしそうに話を聞いてくれました。

私は次のように言いました。「先生は、今年、○○君がとてもがんばれる気がしています。勝手だけど先生はそう思っています。実際、今日も先生の話をしっかり聞いてくれていたし、先生の手伝いもしてくれたよね。すでにがんばれているのでうれしいです」

こうしてその子は笑顔になり、喜んで帰って行きました。私は、4月の学級開きの時点で、自己評価をできるだけ高め、新しい自分へのイメージをもたせたかったのです。「新しい1年がスタートしたのだ」。この意識改革は、4月の新しい友だち、新しい先生、新しい教室、新しい環境がそろったこのときがきっかけになることが多いのです。

さて、4月の1週間で、どの子にも繰り返し成功体験を重ねられるようにしました。そして、1週間後に**「今年の目標（1年後の理想のゴール）」**を立てるように言いました。するとし、昨年度まで荒れていたその子も、「勉強もスポーツもできるようになり、友だちとも仲良く過ごせるようにする」といった前向きな目標を立てることができました。

1年後の理想のゴールが決まると、現在どういう自分であるべきかが自然と意識されます。1年後に勉強やスポーツができるようになるなら、現在は、学習に集中できている自分がいるはずです。また、1年後に友だちと仲良く過ごせているなら、現在は、友だちに悪口を言わないようにしなくてはなりません。

そして、私もゴールを知っているので、指導しやすくなります。「今のがんばりはとてもいいね」「今のは君らしくないね。でも次からは大丈夫だよ」とゴールを意識した個別指導ができるようになったのです。

このように、子どもの自分へのイメージを変えるには、成功体験によって自己評価を高め、理想のゴールを描かせ、今現在のあるべき自分の姿を強くイメージさせる必要があります。教師は「子どもがどんな自分になりたいと思っているか」「どんな自分でありたいと思っているか」「どんなゴールを描いているか」、それを知ることが大切なのです。

荒れた子にも、未来のよりよい姿を描かせるべきです。そして教師は、**その子が描いた1年後の理想のゴールにあたかも近づいているように接するべき**なのです。つまり、問題行動を叱ることがあったとしても、問題行動に焦点化すべきでないのです。

1年後の理想のゴールが決まることで、現在どういった状態になっていないといけないかという「現在の理想の姿」が決まります。現在の理想の姿が「優しく人と接することができる」「学習に集中することができる」なら、あたかもそれができているように接するべきなのです。「今日も友だちと楽しそうに過ごせていたね。みんなと仲良くできているんだね」のように、1年後の理想のゴールから逆算した現在の理想の姿になっているかのように言葉をかけるのです。

だからこそ、子どもは新しくもった自分へのよいイメージをそのまま維持することができるのです。

11

教師も子どもも「成長の限界」を決めている

若いK先生は、子ども一人ひとりを理解することを大切にして、学級経営を進めていました。そのためには、学力や生活習慣、性格などの実態を知る必要があります。そこでK先生は、子どもの過去の様子を、以前の担任に十分聞き取ってから4月を迎えるようにしていました。

他にも、指導要録や家庭の調査票、昨年度の引き継ぎ文書などを読み込みました。様々なその子の過去のデータを調べたうえで、学級開きに臨むようにしていたのです。

4月の子どもたちの様子を見ていると、過去のデータに合致した姿が頻繁に見られました。例えば、去年まで算数が苦手だった子は、今年も算数に苦手意識を感じているように見えました。反対に、得意だと聞いていた子は、よく発表し自信があるように見えました。

体育などの実技も同じで、運動が苦手と聞いていた子は、消極的に体育の授業に参加しているように見えました。リーダー性があると聞いた子は、様々な役割に立候補し、リーダー性があるように見えました。

「子どもの過去を知ることで、現在の様子もよく見えるようになった」と、K先生は内心自分を誇らしく思っていました。より正確に子どもの実態をつかめたと思ったのです。

ところが、教師を5年ほど続けていると、K先生はあることに気がつきました。それは、K先生が把握した過去の子どもの様子と、1年後の子どもの様子があまり変化していないということです。算数や運動が苦手と引き継いだ子は、1年経っても算数や運動が苦手なままだったのです。

「問題行動が多い子だ」「みんなによく迷惑をかける子だ」と引き継いだ子は、1年後もやはり、問題行動が多く、みんなに迷惑をかけていました。

まわりの教師に尋ねてみると、「子どもは1年ぐらいでは変わらない」と言う人もいました。「教育は、そんなに短期間では結果は出ない」と言う人もいました。

しかしK先生は知っていました。あるベテラン教師の学級では、1年どころか、半年で子どもたちが急激に成長していました。その変化はまるで別人になったかのようでした。

K先生は、自分の学級経営や子ども対応のどこかが間違っていると感じていました。

K先生はやがて、どこが間違っていたのかに気づくことになりました。それは、「過去にこの子はこうだったから、今もこの子はこうだろう」と、レッテル貼りをしてしまっていたことです。

そして、不思議なことにも気づきました。それは、K先生が「こんな子だ」とレッテル貼りをして接している子ども自身が、K先生がイメージしている通りの行動を取るようになるということです。

例えば、「この子は昨年度も問題行動を起こしていた。だから今年も問題行動を起こすかもしれない」と思っていると、不思議と問題行動を本当に起こすようになるのです。

どうやら子どもも、「去年もよく先生から叱られていた。今年もどうせ叱られるだろう」「去年も算数ができなかったから、今年も算数ができないだろう」と考えているようでした。ここに至ってK先生は、はたと気がついたのです。

「教師が子どもの限界を決めてしまっている」

「子ども本人も、自分の限界を自分で決めてしまっている」

K先生は、**過去を調べることが、実は子どもの成長の限界を決めてしまうきっかけになっていることに気づいた**のでした。

子どもの「自分はこんな人」というマイナスイメージを変えよう

この事例から学べるのは、「**人は自分が重要だと思っている情報しか見えない**」ということです。「この子は算数が苦手だ」と思っていると、それに合致した情報ばかりが目に入ってきます。「途中で問題を解くのをあきらめたな」「ボーッとして集中していないな」といった情報ばかりが見えてくるのです。

そして、「集中しなさい」と注意したり、困っているから助けたりします。このような対応を繰り返された子どもは思います。「ああ、自分はやっぱり算数が苦手なんだ」と。

こうして、教師も子どもも「算数が苦手だ」というレッテルに囚われてしまうというわけです。ここに子ども理解の注意点があります。

この事例の最大の問題は、子ども本人が「過去の延長線上の自分がそのまま今年も続く」と思っているところにあります。

そして教師も、子どもの過去に注目し、過去から現状を把握しようとしているので、無意識に、子どもを過去に縛りつける行動を取ってしまっているのです。

では、どうすれば改善できるでしょうか。重要なのは、**子どもが自分でもつ「自分はこんな人だ」というイメージを変えていくこと**です。

算数ができない自分がいるのなら、「算数ができて当然」の自分に変えていくのです。水泳ができない自分がいるのなら、「水泳ができて当然」の自分に変えていくのです。新しい自分自身のイメージをもてるようにしていくのです。

ところが、人はだれしも、過去の延長線上の現状が続くと思い込む傾向があります。そのため、過去に苦手だったものは、そのまま今年も苦手なままだと思い込んでしまっていることがあるのです。

つまり、子どもも教師も、保護者ですらも、「この子はこんな能力をもっていて、これぐらいしかできない」という限界を無意識のうちに決めてしまっているのです。この限界は、実はただの思い込みです。その思い込みを打破しなくてはなりません。

例えば、ある年受けもった小学校3年生に、算数が極端に苦手な子がいました。

本人も過去の担任も、算数が苦手だと思い込んでいました。

ところが、受けもって2か月ほど経つと、学級で1、2番の速さで問題を正確に解けるようになりました。問題の解き方や考え方を自分で説明することもできました。本人も「自分は実は算数ができる人なんだ」と思えてきたようでした。

またこの年の3年生には、水泳が極端に苦手な子が何人もいました。水に顔もつけられない有様でした。3年生にもなって、浅い小プールで顔をつける練習から始めなくてはなりませんでした。しかし、水泳練習が始まって1か月ほどで、25mを楽に泳げるようになりました。しかも、他にも何人もの泳げない子が25mを達成していきました。

結局この年は、学級全員が補助具なしで、25m以上泳げるようになりました。100m以上泳げるようになった子もいました。子どもたちは口々に言いました。「こんなに上達するなんて自分でも信じられない」「自分は実は泳げる力をもっていたんだ!」

そしてそれを見ていた子は日記に書きました。「人間やれば何でもできる」と。

こうして、限界を自分で決めることの愚かさを、学級の子どもたちは実感したのです。

また、この学級には、「毎日のようにトラブルを起こす」との引き継ぎを受けた子がいました。この子は、自分のことを「毎日叱られるダメな子なんだ」と思い込んでいるようでした。自分で自分をこんな人だと決めているのです。もちろんこれは水泳と同じで、過去の経験から、「自分はこういう人だ」と思い込んでいるのです。

確かに、毎日のようにトラブルが起きました。しかもレパートリーに富んでいて、毎日「今日は何が起きるのか」と途中でおもしろくなってくるほどでした。

例えば、給食を自分だけ大盛りに、他の子のおかずをたったの1個にして、みんなが怒り出す、といった具合です。本人に「自分だけ大盛りにしたの？」と尋ねると、「大盛りじゃない、同じぐらいだ」と言います。「そう。じゃあ友だちのと交換しようね」と言うと、「えっ、それは嫌だな…」とうつむいています。自分が悪いとわかっているのです。

また、隣の子のものがなくなることもありました。話を聞くと、「自分が借りていた」と名乗り出ます。「勝手に借りたらダメだよね」と言うと、「確かにダメだ」と言います。

特別教室に給食の残り物が隠されていたというので、行ってみると確かに置かれています。目撃者がいて、その子がやったとのこと。片づけが面倒だったとの理由でした。

私は、人に迷惑がかかっていることに関しては、「それはみんなが困っているんだよ」と教えるようにしました。

ただ、**本人はどうも「叱られる自分が自分らしい」と思っているよう**なのです。去年までいつも教師に叱られていたからです。そこで私がやったのは、**「君は叱られるべき人ではない。むしろほめられる人だ」とイメージを変えること**でした。

その子には、じっくりと考える粘り強さと、行動力がありました。
例えば、算数の難問を出すと、１人で考え続けているのです。学習のまとめを書く際も、１人でじっくり考察しているのです。行動力もあり、学級全員で遊ぶイベントをすると、様々なアイデアを出して実行してくれます。その粘り強さと行動力があれば、本来なら、毎日ほめられるべき人物だと私は思っていたのです。

私はトラブルや短所には目を向けないようにし、その子の長所を認め続けました。そして、トラブルが起きるたびに、「君は本当はそんなことをする人じゃないよ。何か間違っただけだよね。次から大丈夫だよ」と励ましました。**「間違っただけだよね」は魔法の言葉**です。「人はだれでも間違いがある」と聞かせていたので、「悪気があったわけではないよね」という意味の効果を発揮したのでした。

こうしてトラブルがあると「君らしくない」、がんばっていたら「君らしい」という言葉かけを続けました。すると、半年を待たずして、その子は劇的な変化を見せました。トラブルを起こさないばかりか、授業や行事で急激にがんばるようになったのです。

「先生は僕のことをわかってくれている」。保護者から家でそう言っていると聞いたのも、半年が経つころでした。

12

「減点主義」で子どもを現状に縛っている

若いN先生は、規律には厳しい方でした。教室の秩序が大切だと思っていたからです。確かに、秩序を維持できれば、子どもたちが荒れることはなく、落ち着いた雰囲気をつくることができました。

そこでN先生は、子どもの逸脱した行動は特に厳しく指導していました。少しでもふざけたり、まわりと違うことをしたりしていると、逐一注意して回っていたのです。

そうして、N先生の学級には、「規律を守らないといけない」という雰囲気が生まれていました。

ところが、N先生は1つ問題を感じていました。それは、**毎回注意する子どもが同じだということ**です。注意される子が教室の2、3人に集中しているのです。

N先生からすれば、同じ子を何度も注意するので、「またか」といった感じで、辟易してしまいます。

反対に、注意される子どもからすれば「今日も怒られてしまった」「自分はいつも怒られている」「先生は自分の悪いところばかり見ている」と意気消沈してしまいます。

つまり、N先生も注意される子どもも、マイナスの感情に支配されていたのです。1日が終わると、「今日も叱った」「今日も叱られた」と、うんざりしてしまうのでした。

他の子どもたちは規律を守っています。教師は秩序を重んじています。そんな中で、どうしても2、3人の子が目立ってしまうのでした。学級が落ち着くほど目立つのです。

N先生はこの状態は何かおかしいと思いながらも、「やんちゃな子は逸脱行動に走るものだ」と、自分の指導を省みることはありませんでした。

そのうち、不思議なもので、毎日叱っていると、それが徐々に当たり前の雰囲気になっていきました。

1年が経とうとするのに、特定の子は毎日やはり逸脱行動を取り、叱られているのです。

「1年経っても子どもが変わらない、成長しないのはおかしい」

N先生はそう感じていたのですが、どうしていいのかわからないのでした。

対症療法と根本的解決方法の両方を意識しよう

教師ならば、だれでも子どもの問題行動（と教師が思っている行動）に目が向きます。真面目な教師ほどその傾向が強いものです。

がんばっている子も目に入っているのですが、手遊びをしている子や、おしゃべりをしている子の方に注意が向きがちなのです。

窓ガラスを割った、他の先生に反抗して言うことを聞かない、係の仕事をサボった、宿題を忘れたといったことが続くと、放置するわけにはいきません。「急いで指導をしないと」という使命感から、他の子のがんばりを認めることより優先されることもあります。

こうして、「また、あの子はやんちゃなことをして！」と目くじらを立てて怒るようになります。そして、ダメな行動ばかりに目を向けて、その子を叱ってしまうのです。こうなると、子どもも教師も不幸な状態に陥ってしまいます。

叱られてばかりの子は、ますますひねくれて問題行動を起こしますし、それに応じて教師の叱り方も厳しくなっていくのです。つまり、**負の連鎖が生じてしまう**のです。

この負の連鎖を止めるためには、「子どものよいところを見つけて伸ばしていく」という発想に転換するしかありません。言い換えると、**減点主義ではなく、加点主義で子どもに対応する**のです。

不思議なことに、加点主義の意識をもつだけで、子どものよさやがんばりが見えてくるようになってきます。そして、子どものよさやがんばりが見えてくると、それを認めたり、心から「ありがとう。いつもがんばっていて先生はうれしいです」と感想を伝えたりできます。優しい眼差しで声をかけることができるようになるのです。

教師が自分のよさやがんばりに注目し、認めてくれるからこそ、次もまたがんばろうという気持ちに子どもはなります。こうして、よいサイクルがつくられていくのです。

この事例の最大の問題は、教師が「この子はいつもダメな行動をする子だ」と思い込み、子どもは「いつも自分は教師に叱られる人だ」と思い込んでいるところです。

つまり、教師も子どもも「現状が当たり前」になっていること自体が問題なのです。子どもに（教師にも）、「先生にいつも叱られているダメな人間なんだ」というイメージができ上がり、そのイメージが維持されていることが問題なのです。

この事例では、現状の悪いイメージに縛る指導を、教師が毎日繰り返しています。「自分はダメな人間なのだ」というイメージが、叱られるたびに強化されているわけです。

大切なのは、成長したその子の「未来の理想の姿」を描くことです。過去の悪いイメージで現状を見るのではありません。その子が最大限成長した未来の理想の姿から、その子の現状を見るようにするのです。

成長した未来の理想の姿をイメージすると、「この子は現在これぐらい成長していないといけない」という、「現在あるべき姿」が見えてきます。

未来の理想の姿から逆算すると、現在すでにダメな行動はしなくなり、よい行動をしているかもしれません。そこで教師は、よい行動をしているだろうとイメージして、その子を見るようにするのです。すると、ダメな行動も確かにありますが、よい行動をしていることにも気がつきます。**意識してはじめて気づける**のです。

そして、よい行動の方に注目し、がんばりを認め、「君は、次々とよい行動をしている状態なのだよ」と気づかせていくのです。「自分はよい行動をしている。そういうすばらしい人物なのだ」という新しい自分へのイメージをもたせていくのです。

そして自分へのイメージが変わることで、本当にその子の考え方や行動も変わるのです。

①減点主義から加点主義に対応を変えること（対症療法）
②その子自身の自己イメージをよりよいものに変えること（根本的解決）

重要なのは、この2つは違うということです。

私たち教師は、**「どうやったらよりよい対応になるのか」と①の対症療法だけを考えていてはいけない**のです。「どうしたら子どもが根本的に変わるのか」という、②の根本的解決を図らなければいけないのです。根本的解決のためには、「未来の理想の姿」から逆算した「現在のあるべき姿」を教師がイメージできていないといけません。そして、その現在あるべき姿に合致する行動を見つけ、称賛すべきなのです。そうすることで、子どもは新しい自己イメージをもつことができるようになっていきます。

このように、対症療法と根本的解決方法の両方を意識しておく必要があるのです。

【参考文献】
・大前暁政（著）『できる教師の「対応力」逆算思考で子どもが変わる』東洋館出版社、2022

13

「問題行動を重要視」するために、問題ばかりが見えてしまう

若いA先生は、管理職から「学級崩壊だけは起こさないように」と言われていました。というのも、毎年、どこかの学年や学級が荒れてしまう学校だったからです。荒れた学級には、校長や教頭、専科の教員などが担任の応援で回っていました。荒れが複数の学級に及ぶと手が回らなくなるため、釘を刺されていたのです。

管理職からの要請もあり、A先生は、毎日子どもの問題行動を気にして過ごしていました。問題行動（とA先生が思っている行動）には敏感に反応し、厳しく指導する毎日でした。「活動を止めなさい」と指示したのにすぐに止めなかった子を叱ったり、「班で話し合いなさい」と指示したのに少しでも話が脱線していたら、その都度注意したりといった具合です。とにかく平穏無事に1日が終わることを意識していたのです。

保護者からも、「きちんと学級をまとめてほしい」という要望が出されていました。過

去に学級の荒れを見てきた保護者も、学級崩壊に敏感になっていたからです。

管理職や保護者からのプレッシャーもあり、「学級崩壊を起こさないこと」が、いつしかA先生の至上命題になっていきました。

A先生にとって重要だったのは、子どもの問題行動を減らすことでした。子どもが自由にのびのび過ごしているとか、時にはやんちゃな子がいたずらをしてみんなで大笑いするとか、そういう余裕のある学級経営に重要性は感じていませんでした。

ただただ、問題行動が減り、1日が平穏に過ぎることを願うようになっていたのです。

A先生が子どもの問題行動を逐一注意するので、表面上子どもの逸脱行動は少しずつ減ってきていました。A先生が教室にいる間は、子どもたちが逸脱行動をしなくなったからです。

しかし、A先生がいないところでは、子どもたちは逸脱行動を続けていました。A先生が見ているところでは、おとなしくしているだけだったのです。

また、教室の自由な雰囲気も徐々になくなってきました。子どもたちがA先生の目ばかり気にして行動するようになったからです。

ここに至って、A先生は自分の教育方針がこれでよいのか迷いが生じてきました。

教師が重要視することを前向きな方向に変えよう

人はだれでも、「自分が重要だと思っていること」を選択的に目にしています。

A先生にとっての重要なことは、子どもの問題行動です。問題行動を見つけ、逐一注意することで、平穏無事に過ごせるように努めていました。

ここには、大きな落とし穴があります。それは、**問題行動を重要視しているために、問題行動ばかりが目に入るようになること**です。

しかも、この事例では、**A先生が問題行動と思っているだけで、他の教師から見れば問題でも何でもない場合がある**のです。例えば、活動をすぐに止めないのは、活動に熱中しているからかもしれません。また、班での話し合いが脱線しているのは、自由な発想で、多様な意見を出すことができているからかもしれません。

このように、問題行動に注目しようとすると問題が見えてきます。また、問題でないことまで問題行動だと解釈してしまうことがあるのです。

反対に、子どものよさやがんばりを重要視すると、ほんの少しのがんばりも見えてきますし、一見問題行動に見えても、「この行動はがんばろうとした結果なのだ」と前向きに解釈できることもあるのです。

例えば、毎日のようにけんかをする子がいるとします。休み時間になると、友だちと言い争いになったり、取っ組み合いのけんかになったりするのです。しかし、「その子のよさやがんばりを探そう」と意識していると、それらが急に見えてくるようになるのです。「今日はけんかをしないように我慢した。でも、最後は我慢できなくてけんかになった」のかもしれません。「我慢をした」分、昨日より成長しています。そのほんのちょっとの成長を認め、称賛することができます。

つまり、**教師が何を重要視しているかによって、問題が見えてくるか、その子のよさやがんばりが見えてくるかが決まる**のです。問題に注目しようと思っていると、その子のよさやがんばり、成長が見えなくなってしまうのです。この「重要だと思っているものしか見えない」というからくりを、教師なら絶対に意識できていないといけません。

このからくりは、いろいろな働きをします。例えば、「今日も子どもの逸脱行動が起きるかも」と思いながら学級に向かいます。そして1日を過ごします。すると、本当にルール・マナー違反などの逸脱行動が起きるのです。

本当はよいことも悪いことも両方起きているのですが、悪いことの方に目が行くので、よい行動は見えなくなったのです。だから、「今日も悪いことが起きた」という感想で1日が終わるわけです。悪いことばかり気になっている教師の「意識」がいけないのです。

反対に、「今日も子どものがんばりや成長が見られるに違いない」「今日もたくさん素敵なことが起きる1日になるに違いない」と思っていると、本当によい出来事がたくさん起きます。本当は、よいことも悪いことも両方起きているのですが、重要だと感じる物事を優先的に見るようになるので　よい出来事が多く発見できるのです。

つまり、意識してはじめて、子どものがんばりや成長が見えてくるのです。

さて、このからくりでもう1つ気をつけたいのは、**物事を実際より悪い方へ解釈してしまう作用を発揮する場合があること**です。

例えば、休み時間に子どもに誘われてバスケットボールを一緒にしたとします。チーム決めの際、教師が「あの子は自分勝手な子だからな」というイメージで見ていると、「あの子に有利なチームになっている」「あの子は友だちに指示ばかりして、ボスのように振る舞っている」といった悪い解釈をしてしまうのです。本当は、リーダーシップを発揮し、みんなをまとめようとしていたにもかかわらずです。

これが、「あの子はリーダーシップのある子だからな」というイメージで最初から見ていたら、「チーム編成を進んでやってくれている」「みんなに指示を出してリーダーシップを発揮している」といった正当な評価になっていたはずです。

このように、自分が重要だと思っている情報に合致した解釈を自然としてしまうのです。つまり、見えている世界は、教師の解釈によっていかようにも変わるのです。

世の中のあらゆるものは、人間の思考というフィルターを通して、何らかの解釈をされて認識されます。Ａ先生は、**重要視するところをよさやがんばり、成長に変え、それらを見つけてほめるという方向に意識を変えていけばよい**のです。

実は、この方が、子どもの「自立」という面から見ても望ましいのです。**ルールやマナーを守らせたいなら、教師が逐一逸脱行動を注意し、指導するよりも、守っている子や守ろうと努力して成長した子を見つけてほめた方がよい**のです。その方が、何倍もルールやマナーが身につきます。そうして結局、教師がいなくても子どもたちはルールやマナーを守れるようになり、自立に近づくわけです。

14

子どもに好かれようとし過ぎている

初任者のH先生は、子どもに近い存在になろうとしていました。できるだけ子どもに話しかけ、休み時間は一緒に遊ぶなど、自分なりの努力をしていました。

子どもたちもH先生を慕ってくれているようでした。

ただ、H先生には悩みがありました。**子どもに近い存在になればなるほど、子どもが教師を軽んじるようになっている気がしていた**のです。

例えば、廊下で騒いでいる子がいるとします。「廊下で騒ぎません。静かに過ごしなさい」などとH先生が注意します。すると、注意した直後は少し静かになるのですが、すぐに騒がしくなるといった具合なのです。

いちいち目くじらを立てて怒ることでもありませんが、子どもがH先生の言うことをいい加減に聞き流す態度が見られるようになったのです。

他にも、「整列しなさい」と言っても、なかなか整列しない様子が見られます。Ｈ先生が話しているのに、私語をしている子どもも少なくありません。Ｈ先生を前にしても、子どもはまるで緊張感がないのです。

一方で、Ｈ先生と同学年を担当している中堅教師やベテラン教師は違いました。子どもに近い存在ではあるのですが、どこか子どもと対等でないという一線を引いているように見えたのです。

特段厳しく子どもに接しているようには見えません。事実、子どもたちはこの中堅教師やベテラン教師のまわりにいつも群がっています。そして楽しそうに会話しています。しかし、中堅教師やベテラン教師が「静かにしなさい」と注意したら、さっと子どもたちは静かになるのです。Ｈ先生が同じことを言っても、子どもたちはおしゃべりをしたり、イタズラをしたりと、指示通りにしない子が必ず出てきます。

Ｈ先生は、自分の学級よりも他の学級の子どもの方が成長しているように見えることも気になっていました。１学期が終わり、２学期になると、他の学級の子は、自分から進んで動くようになり、積極的に役割に立候補したり、みんなの前で堂々と発表したりすることができるようになっていたのです。

子どもに目指してほしい「ビジョン」を示そう

H先生にとっての優先事項は「子どもに近い存在になること」、もっというと、「子どもに好かれること」でした。必ずしも悪いことではありませんが、もっと優先すべき事項があります。それは、「**リーダーとして子どもにビジョンを示すこと**」です。

ビジョンとは、将来のあるべき姿を描いた構想のことです。未来図といってもよいでしょう。例えば、新しい学年になったとき、次のようにビジョンを示します。

「この学年では大きな行事がいくつもあります。責任が増えてくるので、自分の力やがんばる姿勢を伸ばせたらいいですね」「授業ではみんなで解決すべき難問が出てくることがあります。それを協力して解決していけるといいですね」

教師は学級のリーダーです。ビジョンを示すことは、リーダーの大切な役割の1つです。個別指導なら、その子の未来のゴールを思い描き、将来のビジョンを子どもに伝えなくてはいけません。

例えば、「Eさんはこんな長所があるから、こういう行事で活躍してくれるとうれしいです」「U君は、コツコツ努力できるので、きっとこういう力が伸びると思います。期待しています」といった具合です。子どもに「未来の理想の姿」をイメージさせるのです。これまでにも述べてきた通り、未来の理想の姿が決まると、「現在あるべき姿」も決まります。そこで、「今こういうことができていていいですね」「今こういう姿になっていていいですね」と個別に言葉かけすることも大切です。**現在あるべき姿に慣れ親しませるように言葉かけする**のです。

さて、若手教師時代にだれもが悩むのが、「信頼はあっても尊敬がない」状態です。教師が子どもを好きなのはよいことです。教師ができるだけ子どもに近い存在であろうとするのもよいことです。ですが、それだけでは尊敬は得られません。

リーダーとしてビジョンを示せる教師だからこそ、子どもたちは尊敬の念をもつようになるのです。

私のある年の3年生の学級開きの様子を紹介します。

私を知らない子が多い学年だったこともあり、緩んだ空気の中で学級開きは始まりました。私が前に立って話しているのに、私語をする子もいますし、手遊びをしている子もいます。中でも、元気な男の子が1人、大きな声で騒いでいました。

学級開きの1日は、騒々しい中で終わりました。私はひときわ大きな声で話しているその子に、帰り際、個別に声をかけました。「元気のいい人が先生は大好きです。元気があると、みんなと仲良く楽しく過ごせると思いますよ。素敵な1年にしていこうね」と。すると、パッと明るい表情になって、笑顔で帰って行きました。

次の日、算数の授業がありました。学級開きの騒々しさを引きずっており、授業は騒々しい雰囲気の中で開始しました。

授業の最後に、難問を1問出しました。難問だから多くの子が間違えました。正解した子だけ得意そうにしています。その様子を見ながら、次のように言いました。

「正解だった人はすばらしいですね。でも、実は間違った人もすばらしいのです。なぜかと言えば、頭を使ったからです。難問を解くときに、しっかりと頭を使って考えていました。頭を使うと、賢くなります。だから、答えが合っていようが、間違っていようが、どの人も賢くなったのです。だからすばらしいのです。考えると、脳のしわが1本増えます。こうやって、人は賢くなっていくのです。新しい学年になったので、これから難しい問題が出てきます。難しいからってあきらめてはいけません。1人でも考え続けるのです。

友だちと協力して考えてもかまいません。そうやって考え続けていけば、きっとこの1年で賢くなれるはずです」

さっきまで騒々しかった教室はシーンとなりました。子どもの背筋が少しピンと伸びました。

この日以降、私が算数の時間に難問を出すと、あきらめずに考え続け、私から不正解の×をもらっても、急いで机に戻り、粘り強く解くようになりました。また、友だちと話し合って何とか自分たちで解決しようとがんばるようになりました。

このように教師は、ときどきでいいので、ビジョンを示さなければなりません。

子どもたちは、**教師が示すビジョンを知るからこそ、がんばろうとするエネルギーをそこに集中させることができる**のです。

ビジョンは、学級全体に示すこともありますし、個別指導で個々に示すこともあります。いずれにしても、ビジョンを示せる教師だからこそ、結果として子どもは教師をリーダーとして認めてくれるようになるのです。そして徐々にですが、尊敬の念を抱くようになるのです。

15

子どもの長所を「引き出す」ことができない

若いW先生には、ある悩みがありました。

子どもの長所を引き出すことが、なかなかできなかったのです。

この悩みをもつようになったのには、きっかけがありました。

ある年に受けもった学級で、次のような出来事があったのです。

この年も、４月の学級開きから、子どもの様子を見ながら実態調査を進めていました。

去年までの復習テストを実施したり、個別面談を実施したりして、少しでも正確に子どもの実態をつかもうと努めていたのです。

学級開きから1か月もすると、子ども一人ひとりの実態がつかめてきました。

W先生は、「この子にはこんな長所があるな。こんな短所があるな」と一人ひとりのイメージをもつようになりました。

このイメージには、実は学級開き前の引き継ぎの情報も大きく影響していました。
「A君はいつも元気なのだが、よくイタズラもしてトラブルを起こす」
「Bさんはおとなしく、なかなか立候補しない。リーダーシップは発揮できない」
このような引き継ぎの際の情報が、知らず知らずのうちに、子どもへのイメージをつくっていたのです。

さて、学級開きから半年ほどして、先述のやんちゃなA君が、低学年の子にとても優しくしていることに気がつきました。放課後に、低学年の小さな子に遊びを教えているのを偶然目にしたのです。その教え方がとても上手で、しかも優しく面倒見がよかったので、W先生は驚いてしまいました。

また、Bさんに対しても、新しい事実に気づくことがありました。Bさんは学級の中ではおとなしいのですが、気の許せる仲間内ではリーダーシップを発揮していたのです。ユーモアあふれる冗談を言いながら、友だちを引っ張っていく姿を放課後に目にしたのです。学級内の姿と学級外の姿に大きなギャップがありました。

ここでW先生は、はたと気がつきました。

①そもそも、学級の子どもの姿と学級外での姿は違う。家での姿も違うだろう。子どもは、

それぞれの場所で発揮できる力が違っている。

②学校で測定できる力は限定されている。学校の中では見えない長所が、他の場では見えることもある。学校で測れる力以外にも、様々な力が子どもには隠されている。

③教師である自分は、先入観をもって子どもを見ていた。「こういう子」と決めつけてしまっていた。これでは、子どもの長所に気づくことはできないし、長所を引き出すことなどできない。

W先生は、放課後、教室で1人になり、子どもの姿を思い浮かべながら、自分のこれまでの子ども理解を反省したのでした。

では、どうしたら教師が一人ひとりの長所を引き出せるのか。

W先生は、そもそも自分が子どもの長所に気づくことさえできていないことを自覚していました。そんな自分が、気づいてもいない子どもの長所を引き出し、さらに伸ばすことなどできるのだろうか、と悩んでしまっていたのです。

そして、1年が終わるころになっても、子どもの長所を引き出しているとは思えない不安を感じていたのです。

長所を「引き出す」のではなく、「表出される」場を設定しよう

ここでも重要なポイントは、人はだれでも、「自分が重要だと思っていること」を選択的に目にしているということです。

つまり、「A君はこんな子だ」「Bさんはあんな子だ」と思い込んでいたら、その思い込みに合致する情報が重要だと思うので、それしか認知できなくなるのです。

つまり、子どもに長所があったとしても、教師には見えなくなってしまうのです。

また、学校などの公の場で発揮できる力は、かなり限定されています。学校外やインフォーマルな場で発揮できる力もあります。つまり、場によって生かせる能力は変わるのです。**学校の様子だけ、ましてや学級の様子だけで子どもの実態を正確につかもうとしても難しい**のです。

さて、教師には盲点となっている子どもの長所は必ずあります。

教師にとって盲点なのですから、長所を認め、伸ばすことは、難しいように思えます。

そこで、これまでに繰り返し述べてきた、未来のゴール（理想の姿）の設定が重要になります。

子ども一人ひとりには各自の思いや願いがあり、それぞれの長所があります。しかし、**そのすべてに教師が気づき、引き出すのは難しいので、子ども自身に表出させるのです。**

まず一人ひとりに「自分が本当に実現したい」と思えるゴールを設定させます。

ゴールの種類としては、「①個人の能力の面（学力面）」「②対人関係の面（社会性の面）」「③生き方の面（生活面）」の大きく3つの分野で考えさせます。子ども自身が心から実現したいと思える夢や目標を、自由に設定させます。

そして、ゴールに到達するための方法を考えさせます。ゴールの設定や、方法の設定に慣れていなければ、教師も一緒に考えてあげます。

そして、定期的に、ゴールに向かってがんばっていることを日記などで報告させます。そうすれば、だれがどのようにがんばって自分の長所を伸ばしているかを教師は知ることができます。学校ではあまりがんばっているように見えなくても、家で手伝いをしたり、自主勉強をがんばったりしていることがわかるのです。

こうして日記に表出された一人ひとりの長所を、コメントを通して認め、称賛していけ

ばよいのです。

また、1か月に1回程度でよいので、「がんばっていた友だち」「友だちのよいところ」を日記に書いてくるように伝えます。この日記を読むことでも、教師が気づかなかった子どもの長所を知ることができます。

友だちのよさやがんばりを、小さなカードに書かせるのもよいでしょう。この場合、同じ班の人や同じ活動をした人など、1か月でよく関わった友だちのよさやがんばりを書かせます。カードはいったん集め、教師も読みます。そして、その友だちが書いたよさやがんばったところを、カードを渡すことで本人に伝えるようにします。

このような活動を通して、教師も子ども本人も気づいていなかった長所がはじめて見つかることがあるのです。

未来のゴールが決まることで、そこに到達するために子どもが努力を始めます。

そして、そのがんばりを報告する様々な機会を設けることで、子どもの長所が表出し、教師も知ることができます。

表出された長所を認め、称賛することで長所を伸ばしていけばよいのです。

16

子どもの自己評価を高める言葉かけができない

中堅教師のA先生には、悩みがありました。

それは、**子どもの心に響く語りかけができない**ことです。

例えば、子どもが問題行動を起こしたとき、個別に話を聞き、次から気をつけるよう叱るのですが、A先生の言葉が子どもの心に響いていない感じがするのです。

特に、トラブルを多く起こす子ほど、叱られるのに慣れていて、何を語っても心に響かないのです。

さて、ある年担任した小学4年生に、トラブルをよく起こすT子がいました。

「1年生からトラブルを多く起こしてきた」と引き継ぎがあった子です。友だちの文具やキーホルダーを断りもなく家に持って帰ることがよくありました。それを指摘されても、「自分のものだ」と言い張ります。保護者や教師がたしなめても、叱っても、自分の非を決して認めようとしません。何度指摘されても、友だちのものを勝手に持ち帰るのです。他にも、いたずらや悪ふざけをよくしました。友だちの家で遊んだときは、家のものを隠したり、壊したり、自分の家に持って帰ったりしました。それを友だちやその保護者が指摘しても、「自分は何もしていない！」と言い張ります。

店のものを黙って家に持って帰ったり、家のお金を勝手に使ったりと、トラブルの絶えない子でした。「T子は自分の非を認めず反省もしない。意固地な子で毎年トラブルを起こす」というのが歴代担任の評価でした。T子の保護者ですら、同様の評価だったのです。

さて、４年生になり、そのT子が少しずつがんばるようになってきました。

学級の中では、みんなのためになる行動を自分から行うようになりました。掃除をサボらずに一生懸命したり、教師の手伝いをしたりと、みんなに貢献しようとする気持ちが生まれてきたのでした。友だちも、「T子は変わったよね」「がんばるようになったよね」と、称賛するようになりました。A先生もT子のがんばりを認め、繰り返し称賛しました。

T子はますますやる気になり、前向きに生活するようになっていました。

ところが、他の学級の子と放課後に一緒に遊ぶときには、前の年のようないたずらやトラブルを起こしてしまうことがありました。友だちに暴言を吐いたり、みんなでやるべき仕事をサボったりするのです。教室にいるときとはまるで別人になったかのようでした。学級で過ごすときや新しい友だちと過ごすときは、素直で前向きな自分が出せるけれど、自分の過去を知る友だちと遊ぶときは、去年までの自分が出てしまうようなのです。

さて、5月の連休明けに、去年までよく過ごしていた友だちと遊んでいて、トラブルが起きました。放課後に、友だちからお金を巻き上げたという連絡が入ったのです。そこでA先生がT子と2人で話をすることになりました。ところが、T子は心を閉ざしてしまって、まったくA先生の話を聞いているように見えません。

A先生は「お金を友だちから無理にもらうことは窃盗と同じ。たとえ自分がペンと交換したと言っても、許されない。4月に、お金をもらったり、ものをもらったりするのは禁止と伝えていたよね。悪いとわかってそれをしたのなら、とてもダメなことなのですよ」と感情的に伝えました。

しかし、この話がT子の心に響いているようには到底思えませんでした。能面のような無表情でボーッと虚空を眺めているのです。反応もなく、心ここにあらずの状態です。去年までよく叱られてきたので、たとえ強い言葉で注意されようが、ペナルティを与えられようが平気だ、という表情で心を閉ざしていたのです。

問題が起きたときほど、よさやがんばりの「事実」を伝えよう

先の場面の続きです。

Ａ先生は、このままＴ子に説教を続けても無意味だと思い、しばらく考えた後、叱るという対応ではなく、まったく別の対応をしてみようと思いつきました。

Ａ先生は考えました。

「去年まで、Ｔ子は様々なトラブルを起こしてきた。その都度説教を受けたのだろう。そしてその中で、心で聞かず話を受け流す習慣を覚えたのだろう。そもそも意地悪を頻繁に起こすのはなぜか。きっと昔辛いことがあったのだ。もともとは素直で前向きな子だった。しかし、成長する過程で友だちから意地悪を受けた時期があると家庭訪問で聞いた。そのことが尾を引いているのかもしれない。だから、今でも友だちからバカにされないよう、意地悪をして、ボスとして君臨しようとしているのかもしれない」

Ａ先生は、Ｔ子の過去に思いをはせながらも、今年Ｔ子が考えた目標（ゴール）を思い

出していました。T子は、「友だちと仲良く過ごせるようになる」という目標を立てていました。その目標を思い出させてやるべきだとA先生は考えました。**目標を思い出させ、目標をきっと達成できるという自信をもう一度もたせたいと思った**のです。

長い沈黙の後、A先生は「Tさんは素直だ」という話から始めることにしました。そして、4年生になって発揮できたよさやがんばったことをあげていきました。**淡々と事実を列挙していった**のです。

「悪いことをしても、素直に自分の非を認められること」「叱られるとわかっていて、自分の悪かったことを報告に来たこと」「友だちとトラブルになったとき、自分から素直に謝ったこと」「4年生になって、表情が柔らかくなり、笑顔が多くなっていること」「先生は素直なTさんの行動がとてもうれしいこと」

そして、しばらくの沈黙の後、静かにA先生は話し始めました。

「思い出してほしいのです。小さかったときのことを。T子さんは、やはり今と同じように、素直に毎日過ごしていたんじゃないですか。笑って、楽しく過ごしていたんじゃないですか。でも、今まで生きてきた中で、きっと嫌なこともあったのでしょうね。嫌なことが続くこともあったかもしれません。だから、4月の最初のころ、T子さんが素直な心を隠しているように先生には見えました。でも、もう素直な心を隠す必要はありませんよ。新しい学年になって新しい自分にまた変われてきているのですから。この学級では、T子さんに辛くあたる人は1人もいません。今年は友だちと仲良く過ごせるようになるから。その目標はきっと実現するから」

話の途中から、T子は嗚咽をもらし、堰を切ったように大粒の涙をこぼし始めました。そして、A先生の話に大きくうなずきながら聞いてくれたのです。

「T子は絶対に反省しない」「T子は意固地になってしまう」という引き継ぎの情報がウソのように、真剣に、素直にA先生の話を聞いてくれたのです。

何を言っても心に響かなかったT子にも、**自分を認めてくれる言葉は耳に届いた**のです。**自己評価を高め、今年の目標を思い出させる言葉が届いた**のです。

5月のこの出来事を境として、T子は大きく変わりました。

運動嫌いだったのに、毎日の休み時間にスポーツをして楽しく過ごすようになりました。A先生とも休み時間によく遊びました。学級の子だけでなく、同学年や他学年の人とも一緒にスポーツをして楽しく過ごすようになりました。日常生活の中でも、みんなに貢献できる仕事にますます熱心に取り組むようになりました。

そして、A先生も次のことに気がついたのです。

「個別指導で最も大切な点は、子どもの自己評価を高めることと、その子の思いや願いから生まれた目標（ゴール）を意識させることなのだ」

第3章
まちがいだらけの「環境・雰囲気づくり」

17

教師の余裕のなさから、「マイナスのサイクル」に陥っている

採用3年目のI先生は、経験が少ないため、様々な場面で余裕がありませんでした。例えば、運動会や学芸会、学習発表会など行事のたびに余裕がなくなるのです。計画的に指導できず、本番前に焦って何とか間に合わせている状態でした。

I先生は、そもそも指導のゴールがよくわかりませんでした。指導をどの程度行えばよいのか、どういう姿に子どもが到達すればよいのかがイメージできなかったのです。行事だけでなく、普段の授業でも同じ状態でした。学期末になって駆け足で進行し、何とかすべての学習内容を終える状態だったのです。

I先生は、とにかくすべての指導に余裕がありませんでした。

一方、ベテランのC先生の学級を見ると、子どもたちがいきいきと行動していました。運動会や学芸会での表現のレベルが高いのです。

しかも、C先生の指導には余裕がありました。子どものよさやがんばりを認め、称賛していたのです。すると、子どもたちはますます自分から進んでがんばるのでした。

I先生は焦っていました。「C先生と同じレベルは無理でも、何とか、外から見て、見劣りしないぐらいのレベルには指導しないといけない」。しかし、行事や授業参観日になると、C先生の学級の方が子どもが活躍していることは一目瞭然でした。

I先生は、C先生の授業を参観させてもらうことがありました。C先生の学級の子どもには、自分から学ぶ姿勢がありました。そして、学ぶ力もありました。I先生は、ますます自信も余裕もなくしてしまいました。

余裕がなくなるにつれ、教室では、ほめるよりも叱る方が多くなっていきました。自分から動こうとしない子に対して、つい感情的になってしまうのです。

叱られた子どもは一時的にはがんばる姿を見せました。しかし、嫌々やっているので長続きしません。それどころか、叱られた子どものやる気は徐々になくなっていくのです。

こうして、**「教師が叱る→子どものやる気がなくなる→子どもの動きが悪くなる→教師が叱る」というマイナスのサイクル**ができてしまいました。I先生は毎朝、怖い顔で教室に入るようになり、笑顔も少なくなったのでした。

ゴールとゴールに至る筋道をつかみ、子どもにも示そう

この事例には様々な問題が積み重なっています。

一番の問題は、教師に余裕がないことです。では、なぜ余裕がないのでしょうか。それは、「**ゴールとゴールに至る筋道**」が教師にイメージできていないからです。

言い換えると、**「指導の全体像」を見通せていないので、計画の立てようがなく、余裕が生まれない**のです。

例えば、何度か同じ学年をもち、学芸会や運動会などの行事指導をしていると、余裕が出てきます。それは、「子どもがこのような姿を見せたらゴールだ」「そのゴールに向かうには、これぐらい指導したらよい」という見通しをもてるからです。

大切なのは「見通し」です。まずは、ゴールを教師が自覚します。ゴールがイメージできると、「このような指導をしないといけない」というゴールに至る筋道（指導方法）が見えてきます。ゴールが決まるからこそ、後から筋道が見えてくるのです。

学芸会や運動会の指導経験が少ないなら、例えばビデオを見るなり、指導の本を読むなりして、まずはゴールを描かないといけません。ゴールを描けば、「こんな指導が足りない」「このような指導をしないといけない」と気づけるはずです。こうして、ゴールに至る道筋をもイメージできるようになるのです。

ここからがさらに重要なことで、**目指すべきゴールは、教師が自覚するだけでなく、子どもにも伝えなくてはならない**のです。

行事なら、「学習発表会では、これまでに学習した内容をわかりやすく実演します。心に残った学習ごとにチームをつくって発表します。おうちの人に拍手をもらえるような発表ができたらいいですね」とゴールを示します。

授業なら、「この学習では、友だちと力を合わせて調べ学習を行い、様々な情報を集めます。集めた情報から気づいたことを、班ごとにプレゼンテーションして学びを広げます」などのようにゴールを示します。

ゴールを示された子どもは、「こういうことをがんばろう」と、ゴールに至る筋道（学習方法）を考え始めます。教師だけでなく、子どももゴールに至る道筋が見えてくるようになるのです。そして、ゴールに向かってチームでも個人でも努力を始めるので、進行が早くなります。

物理的な進行が早くなると、時間的な余裕ができます。また、教師にとってみれば、ゴールがわかり、ゴールに至る筋道もわかっているので、見通しがもて、精神的な余裕ができるのです。

この事例では、時間的にも精神的にも余裕がもてないがゆえに、叱る行為が多くなっていました。そしてマイナスのサイクルに陥ってしまったのです。

教師の世界には、「1度叱ったら、その3倍はほめる」という格言が昔から伝わっています。**叱られた子どもはやる気を失うので、叱った分の3倍はほめないと、やる気は回復しない**という意味です。叱ることで子どもを動かそうとするのは、困難なのです。

教師は、子どものよさやがんばりを認め、称賛する方向で子どものやる気を引き出した方がよいのです。

先に述べたように、ゴールが子どもに意識されると、ゴールに向かう筋道が子どもにも見えてくるので、各自が自然と努力を始めるようになります。

すると、叱る行為よりも、ほめる行為の方が多くなります。こうなると、次のようなサイクルがつくられます。

「ゴールをイメージさせることで、個々の子どもが努力を始める→子どものがんばる姿が多くなる→子どもの努力や成長を教師が認める→子どもの自己評価が高まり、さらに高いゴールを描けるようになる→さらに子どもががんばるようになる」

このようなプラスのサイクルをつくることを、教師は意識すべきです。

学級にプラスのサイクルをつくり出しさえすれば、時間的な余裕も、精神的な余裕も教師に生まれるはずです。

18

「平等」ではあるものの、「公平」な学びになっていない

若いＩ先生は、教室に様々な子がいることで、指導に悩むことがありました。

例えば、Ｉ先生から見て、勉強の得意な子と勉強の苦手な子がいるのです。

勉強の得意な子は、教科書レベルの問題ではつまらなそうにしています。

勉強の苦手な子は、教科書レベルの問題でも四苦八苦しています。

そのため、授業の内容や進度をどの子に合わせたらよいのかがわからないのでした。

他にも、特別支援を必要とする子が、学級に複数いました。

やればできるのだけど集中力のない子は、いつも手遊びをして過ごしていました。

反対に、集中力はあるけど、興味のないことには取り組まない子もいました。学習の意義を説明し、意欲をわかせないと、活動をしてくれません。

支援を要する子にかかりっきりになると、他の子に関わる時間が取れなくなります。

また、子どもの個性以外の面でも、指導に悩むことがありました。

それは、「発達段階の違い」です。3年生を受けもったときは、抽象的な思考が十分にできない子がいて困ったことがありました。社会科で、学校から家までの地図をかかせた際、上空から見た図をすぐにかける子もいれば、ほぼかけない子もいたのです。

他にも、子どもによって知識・経験の量が違うことも悩みの種でした。

スポーツやピアノを習っている子は、高い技能をもっています。しかし、学習していない子は基礎的なところでつまずきます。つまり、一人ひとりの習熟度が違うのです。

一斉授業を基本としていたので、習熟している子にとっては簡単と思える内容を教えるしかないのも難点でした。例えば、算数の問題でも、勉強のできる子はさっさと解いて、退屈そうにしています。一方で、一生懸命頭を使って考えている子もいて、「やっと解けた！」と達成感を覚えています。できない子は、まったくわからずに、途中から考えるのをあきらめてしまっています。集中力が続かない子は途中で遊び始める始末です。中には、どうしても問題の意味がわからずに、固まってしまっている子もいます。

どの子にも思考を保障し、授業で成長させたいと願うのですが、I先生にはどうしたらよいのかわからないのでした。

「学習の個別最適化」によって、全員の成長を保障しよう

ここで大切なのは、**「平等」と「公平」の概念**です。

算数を例にして考えます。

同じ問題を用意し、全員一斉に解かせ、時間も同じだけ確保するのは、「平等」です。

ところが、事例でも明らかなように、「平等」では、「算数の問題で思考すること」が保障できるとは限りませんでした。授業では、思考場面を用意することが大切です。思考するほど学びは深まり、成長できるからです。ところが「平等」に一斉授業で進める方法では、様々な子に対応できているとは言えず、全員が思考できているとは限らないのです。

そこで「公平」の概念の出番です。**全員の思考が保障できるよう、それぞれの子に合った授業の進め方を取り入れる**のです。

事例で見たように、教室には、算数が得意な子もいれば、普通程度の子、苦手な子もいます。一律に授業を進めると、できる子はさっさと問題を解いて終わり、できない子はま

ったく解けないかもしれません。すぐに解ける状態も、問題に太刀打ちできず思考停止している状態も、どちらも思考を保障しているとは言えません。

そこで、問題をすぐ解けた子がいるのなら、別課題を与えればよいのです。これは、**「学習の個別最適化」**をしていることになります。

例えば、難問や発展課題を与えることが考えられます。もしくは、「どうやって解いたのかを説明する」「もっと簡単に解ける方法を考える」「絵や図で解説する」といった課題を考えさせてもよいでしょう。頭を使って必死になって思考するはずです。

一方、問題に太刀打ちできない子がいたら、ヒントや答えを示し、どうしてその答えが出たのかを「逆算」で考えさせたらよいのです。5分考えてわからなければ、黒板を見てよいことにします。黒板には早くできた子に答えを書いてもらっておきます。教師が、途中まで式を書いてあげるのも効果的で、昔からある指導法の1つです。

こうして、一人ひとりに合わせて学習を最適化した結果、全員が「授業で思考した状態」を保障できるのです。

「どの子にも授業で思考状態を保障する」ことは、まさに「公平」です。つまり、**「十分に思考することができた」という結果が同様に得られるよう機会を平等にするのが「公**

平」なのです。

よく言われることですが、視力が悪い子には眼鏡を与え、視力がよい子には何もしないのが「公平」なのです。左利きの子には、左利き用のハサミを与えることが「公平」です。情報が多いと混乱する子には、情報を1つずつ示したり、限定して示したりします。文字が読めない、発音ができないという特性があるなら、読み聞かせを取り入れたり、ICTツールを用意したりするなどの支援を行います。

「個別最適な学び」とは、このような特別支援も含め、だれにとっても学びを最適化するという概念です。そのためには、それぞれの個人にとって授業の目的（思考すること）が果たされているかを考えないといけないのです。

もちろん、「平等」であり、かつ「公平」である状況が用意できたら、それに越したことはありません。例えば、全員が思考できる発問や問題を用意できたなら、それは「平等」であり、しかも全員が思考できるという「公平」な状態も保障しているのです。

過去の優れた授業には、実は、このように全員が思考できる発問や問題、教材を用意して一斉に進めているものが多く見られます。

しかし、もし「平等かつ公平な授業」が難しくても、「学習の個別最適化」を意識すれば、どの子にも「公平」に成長できる機会を用意することは可能です。

特別支援を要する子も、その子の特性に合った学習環境を用意すると、弱みだと思っていた特性が、強みに変わることがあります。

1つのことに集中し過ぎてまわりが見えなくなる弱みがあっても、その子の興味のあることについて調べ学習をさせると、恐ろしいほど多くの調べ学習をしてきます。まわりの子もびっくりします。こんなに凄い力をもっている子だったのだ、と。

集中力が持続せず興味がコロコロ変わる子は、授業で集中を要する場面だと、それは弱みでしょう。しかし、試行錯誤を要する実験など、自由度が高い場面では、「次はこんなことしてみよう」とおもしろいアイデアを次々と出してくれることがあります。

このように、**ある環境では弱みだったものが、ある環境では強みに変わる場合があることも、教師は意識できていないといけない**のです。

どの子にも成長の機会を保障できるようにしたいのなら、その子の弱みが強みになるような場面を与えることも必要なのです。

19

「個々のがんばりに見合った関わり」ができていない

若いU先生は、それなりによい学級経営ができていると思っていました。ところが、2学期になって学校生活アンケートをとってみると、意外なことがわかってきました。

やんちゃな子は「よく叱られている」と答え、不満を示しました。

縁の下の力持ちの子は「先生があまり親身に関わってくれない」と不満を示しました。他の子と比べてがんばっている子は「先生があまりほめてくれない」と感じていました。

アンケートを読むうち、U先生は自分の対応のまずさに気づき始めました。U先生は全員に「平等」に接するよう心がけていました。しかし、それは必ずしも「公平」ではなかったのかもしれないと気づいたのです。例えば、たくさんがんばる子には、その分多く称賛しないといけなかったのです。

縁の下の力持ちの子のがんばりも、U先生にはあまり見えていませんでした。いつもそつながんばってくれるので、関わるのもつい疎かになっていました。

つまり子どもたちは、**自分のがんばりに見合った関わりを求めていた**のです。

また、U先生はもう1つ気づいたことがありました。それは「公平」に対応するだけでなく、子ども一人ひとりが「先生から大切にされている」と思えないといけないことです。

U先生の学級には、失敗を多くしてしまう子がいました。よく提出物を忘れ、休み時間になると友だちとけんかをします。暴れていて窓ガラスを割ったこともありました。

そんな子には、どうしても「提出物を忘れたらダメじゃないか」「友だちとすぐけんかをするのは止めなさい」などと注意することが多くなってしまいます。「公平」な対応はできているのですが、本人は教師に大切にされていないと思い込んでいます。

いつも叱られる子にしても、叱られた後でがんばっているので、挽回しているわけです。その挽回を認めてあげた方がよいことに気づいたのです。

「一人ひとりの子が『先生から大切にされている』と思えるようにしないといけない」

U先生は、アンケートを読んでそのことに気づいたのでした。

ただ、具体的にどうしたら一人ひとりの子が「自分は先生から大切にされている」と思ってくれるのか、U先生にはわからないのでした。

子どもの視点から自分という教師を見直してみよう

大切なのは、子どもの自己評価を下げない対応を心がけることです。

注意や叱責をする場合でも、最後に次のような言葉かけをします。

「失敗するのは君らしくないよ」

「失敗してもすぐに挽回するのが○○さんだよね。先生はあまり心配していないよ」

これなら、教師が子どもを高く評価していることが伝わります。**行動をたしなめながらも、その子の自己評価をむしろ高める効果がある**のです。

また、特に失敗が多い子に対しては、大切に思っていることが伝わるように、次のような働きかけも考えられます。

「今回だけ先生が特別に手伝うからね。がんばって挽回しよう。これは特別だから、みんなには内緒だよ」

注意や叱責が多くなるほど、子どもは、「先生はいつも自分を叱る」と思い込んでしまいます。だからこそ、いい意味で「特別扱い」していることを伝えるわけです。

このように、子ども一人ひとりが、「先生は自分を高く評価してくれている」「自分は先生に大切にされている」と思えるようにしていかないといけないのです。

私の場合、定期的にアンケートをとることで、子ども一人ひとりが、教師に対してどう感じているかを調べていました。

高学年を受けもったある年、1人の女の子がアンケートの中でD評価（最低評価）を選んでいました。昨年度いじめを受けていた子で、学級開き直後に去年のいじめが発覚し、すぐに対応した結果、いじめの問題は解決しました。新しい学級ではみんなと仲良く過ごせるようになりました。放課後も友だちと遊ぶようになり、ダンス教室に入って友だちと一緒に地域で練習をするようになりました。もともと明るく騒ぐのが好きだったこともあり、本当によく笑うし、よくしゃべるようになりました。

私も一番関わってきた子でしたが、それでもDの評価をその子は選んだのです。律儀にも、「先生、Dばっかりのアンケートあったでしょ。私はDばっかりに○したんだ」と数日後に報告に来ました。

友だちの言動が人一倍気になる繊細な子でした。しかし、自分の行動で友だちに迷惑がかかっていても気づかないことがありました。そんなときは、私がそっと気づかせるようにしていました。そして、友だちとのトラブルの数は減りましたが、まだ少なからず起こしていました。アンケートは次のような結果でした。

・毎日の生活が楽しい　　　　　　　　　　…C（あまりあてはまらない）
・授業は楽しくわかりやすい　　　　　　　…B（ややあてはまる）
・先生は教え方にいろいろな工夫をしている…A（よくあてはまる）
・先生は自分が努力したことを認めてくれる…B（ややあてはまる）
・先生は私たちの意見を聞いてくれる　　　…A（よくあてはまる）
・先生はきまりごとや約束ごとを守ってくれる…A（よくあてはまる）

そして、Dと答えていたのは、次の2つでした。

・先生には困ったことや悩みごとを相談できる
・先生は私たちが相談したことについて本気で取り組んでくれる

意外にDは少なかったのですが、自分では多いと思ったのでしょう（Cは他にもありました）。確かに、他の子と比べると一番低い評価でした。**一番関わったと思っていた子が、一番「もっと関わってほしい」と思っていた**のです。

教育の理想状態とは、どの子も1人残らず、全員が「教師から自分はひいきされている。かわいがられている」と思えるようにすることです。

教師は「関わった」と思っていても、子どもにとってはまだ不満が残るということもあります。難しいことですが、理想状態に向かって進むしかありません。

実はもう1人評価の低い子がいました。よくがんばり、学力もとびきり高い子です。その子が「先生は自分が努力したことを認めてくれる」に低評価をつけていました。

私は、すぐに自分の指導を振り返りました。まわりに比べて2倍も3倍もがんばる子に対して、2倍も3倍もほめていたかを自問自答し、もっとほめようと思いました。

教師には謙虚さが必要です。自分では気づけない盲点が山とあることを自覚すべきです。

アンケートは、自分の盲点を知るために有効です。謙虚になって反省し、教師の行動を変えていくべきです。アンケートの結果が教師の行動や心を変えるのは、すなわち「**子どもの視点から自分を見直す**」からです。教師がひいきしたと思っていても、ひいきされたと感じない子もいます。逆の立場から自分を見ると、わかってくることがあります。子どもの目から見た自分という教師はどんな教師か。時には、違う立場の視点で自分を見直すべきです。

20

落ち着いた学級を「管理と統制」で実現しようとしている

若手のA先生は、教室は静かでないといけないと信じていました。というのも、一度騒々しい学級を見たことがあったからです。その騒々しい学級は、同年代のB先生の学級でした。B先生は常々言っていました。

「子どもは騒がしいぐらいでちょうどいい。授業中の私語も放っておいている」

B先生は、「騒々しい状態が子どもらしい」と、自分の経験上思っていたのです。

B先生の教室でも、最初は子どもたちも遠慮しながら授業中の私語をしていました。4月は他の教室に比べて少し騒々しいぐらいでした。ところが、B先生が注意をしないので、子どもたちは徐々に堂々と私語をするようになりました。授業中の騒々しさは、雪だるま式に加速し、2学期になると、B先生は子どもの逸脱行動をコントロールできなくなりました。3学期になるころには、教室にはゴミが散乱し、授業が成立しなくなったのです。

管理職が応援に入る毎日でしたが、学級の荒れは収まりませんでした。

その一部始終を目の当たりにしたA先生は、次のような信念をもったのです。

「少しでも騒々しくなると、荒れは雪だるま式に進行する。少しの荒れの時点で注意すべきだ。そして静かな教室を実現しなくてはならない」

A先生は、授業中の私語や、学習と関係ない言動には、敏感に注意や叱責をするようにしました。少しでも逸脱行動が見られると、「静かにしなさい」「黙って作業しなさい」とたしなめるようになったのです。逸脱行動を繰り返す子には特に厳しく言いました。

やがて、授業中だけでなく、給食時間にも「黙って食べなさい」と徹底するようになりました。掃除中も「黙ってひと言もしゃべらずに掃除しなさい」と指示したのです。

A先生の教室では、逸脱行動をすると直ちに注意されるため、子どもたちはビクビクして過ごすようになりました。教師の管理や統制が強くなるほど、子どものびのびした動きはなくなり、子どもらしさが失われていきました。授業中の発表も減り、役割に立候補する子や高い目標に挑戦する子も減ってきました。

学級の明るいムードはなくなり、不自然な静けさが漂うようになりました。A先生が小さなことまで口を出して管理するので、息が詰まる雰囲気になってしまったのです。

子どもの実態や理想を知るツールをもとう

A先生の学級では、子どもたちは次のように思うようになりました。

「失敗は許されない」「大人のように行動しないといけない」

「先生が求めている正解を探さないといけない。先生の要求に応えないといけない」

教師の顔色をうかがって過ごすようになり、子どもらしさが失われていったのです。

さて、ちょうどそのころ、A先生はベテラン教師の学級を参観する機会がありました。

そのベテランの学級は、ひと言でいうと「騒がしいけど、きちんとした学級」でした。

子どもたちは、子どもらしく自由でのびのびとしていました。他の学級に比べて騒がしい様子でしたが、授業中は活発に活動し、発表も次々と行っていました。係活動や掃除なども、自分から進んで動くことができていました。

A先生はここに至って、「B先生の学級経営も違っていたが、自分自身の学級経営もおかしいのではないか」と思うようになったのです。

この事例のように、**教師を続けていると、「よい学級とはどんな学級か」という「そもそもの答え」がわからなくなるときがあります**。

例えば、若いころに騒々しい学級を見た際、「もっと先生が注意すればよいのに」と思っていたとします。ところが、教師として経験を重ねていくと、「昔見たあの騒々しい学級は、実はよい学級だったのではないか」と思えてくることがあるのです。

「騒々しい雰囲気だったけど、子どもたちはメリハリをつけて行動できていたな」

「子どもらしくのびのびとしながらも、がんばるときにはがんばる学級だったな」

経験を重ねると、若いころには見えていなかったよさが見えてくるのです。

さて、気をつけるべきは、**教師がいくら自分の学級経営に自信をもち、「よい学級環境をつくれている」と思っていても、肝心の子どもがそう思っていない場合があること**です。

つまり、教師の認識と子どもの認識に差がある状況です。

例えば、学級アンケートを無記名で実施することがあります。「学級は過ごしやすいですか」「毎日楽しく過ごせていますか」などと問うアンケートです。すると、子どもの評価が教師の想定外に低いことがあるのです。

そこで教師ははたと気がつきます。「自分が理想と思っている学級と子どもが理想と思っている学級が違っていたのではないか」ということに。

大切なのは、子どもにとって価値ある学級環境をつくることです。教師にとって価値ある学級環境ではありません。子どもが成長でき、自信がもてる学級環境です。自由にのびのびと楽しく過ごせるけれど、自立の力がつくような学級環境です。

教師の理想と子どもにとっての理想が乖離している状態は、避けなくてはなりません。

そうならないためにも、教師は子ども目線で自分の学級経営を振り返らなければなりません。「自分が子どもだったら、この学級に所属していたいと心から思えるだろうか」と。

他にも、**客観的に学級環境や学級の雰囲気の良し悪しを振り返ることも大切**です。

学級アンケートを行った際、ほぼ全員が満足していても、2、3人が満足していないこともあります。あるいは「いじめアンケート」や、1人10分程度の個別の教育相談を行った際、隠れていた差別やいじめが明るみに出ることがあります。

保護者に「学級経営に関して自由にご意見をください」と保護者会などでお願いした際、教師が思ってもみなかった弱点が露呈することがあります。

担任1人の価値観や主観で、学級経営の良し悪しを判断するのは危険です。

だからこそ、私は、様々なアンケートや教育相談を定期的に行っていました。

学級集団の満足度アンケートや、いじめアンケート、学級をもっとよくするためのアイデア募集、無記名での学校アンケートなどです。学校全体でやるアンケートもあれば、私が個人的に作成して行うアンケートもありました。

満足していない子を見つけて、その子の声に耳を傾けていたのです。

子どもにとって価値のある学級とは何かを考え続けていたのです。

そして、価値ある学級とは、例えば、一人ひとりの個性が生かせる学級です。10年後に振り返ったとき、あの学級のおかげで今の自分があると思えるような学級もそうでしょう。

4月に学級目標を決める際、「どんな学級がよい学級か」とアンケートをとってもよいでしょう。子ども自身はどう考えているのか、教師が知っておくのです。

理想となるのは、子どもが自立に向かって成長できる学級です。その学級には、規律が必要です。しかし、あまりに規律を厳しくすると、今度は子どもらしく生活することすらできなくなります。私たち教師は常にバランスを意識しないといけません。

管理の強い学級は自由度を高める。自由度が高過ぎて秩序がなくなってきたら管理を強める。このような柔軟なバランス感覚をもたないといけないのです。**このさじ加減は、子どもの実態を知り、自分自身を振り返る教師にしかできない難しいバランス感覚**なのです。

21

「特定の子だけが活躍する」ことが当たり前になっている

若いD先生の学級では、特定の子だけが目立つ傾向がありました。

例えば、学級でお楽しみ会のイベントをするとします。

「どんなイベントがいいですか?」とD先生が尋ねると、数人が意見を言い、他に意見が出ないのです。意見を出す子はいつも同じ子で、その意見が通っていくのです。

他にも、「自由にグループをつくりなさい」と言うと、目立つ子が仕切り始めます。そして、自分に都合のよいグループをつくるのです。

つまり、威張って権力をふりかざしている子と、そうでない子がいるように感じられたのです。

またD先生には、他にも気になることがありました。それは、行事やイベントの際、司会やあいさつなどの役割に立候補する子が限られていることです。

これは、学習の場でも同じでした。代表で発表する子が同じ子に限られるのです。例えば、グループで調べ学習や課題の解決をさせたとします。そしてグループの意見をまとめて発表するよう指示すると、代表として発表する子が毎回同じ子なのです。このように、目立つ子だけがいつも活躍しているのです。

D先生には、学級に階層構造があるように思えていました。**目立つ子はずっと目立ち、そうでない縁の下の力持ちの子は活躍していないし、肩身が狭そうに見える**のです。

学級アンケートを行うと、縁の下の力持ちの子、あまり目立った活躍の場がなかった子は、学級経営にも友だち関係にも不満を示していました。「教室で何かをがんばる機会がない。一部の子だけが目立って活躍している」などと記述されていたのです。

そして、意外なことに、目立っている子も不満を示しました。「自分だけいろいろな役割が回ってくる。まわりが協力してくれない」などの意見が寄せられたのです。

つまり、どの子も教師の学級経営に不満をもっていることがわかったのです。

D先生は、自分の学級経営のどこかに悪いところがあったのだと反省することとなりました。しかし、いざ新しい学級を受けもつと、やはり学級に階層構造が見られ、どう対応したらよいのか悩んでしまっていたのです。

「スポットライトが当たっている場面」を学級全員分書き出してみよう

この事例には、様々な問題が含まれています。

1つは、**子ども集団の階層構造の問題**です。権力者とそうでない子が生まれてしまっています。この階層構造は、前年度の学級経営がうまくいっていないと、子ども集団の中に自然と形成されています。そして、教師が何も対応しないと、階層構造は徐々に強化され、いじめや差別へと発展していくことがあります。

もう1つは、**肩身の狭い子がいること**です。これは階層構造ができており、かつ、弱い立場の子が虐げられていることを意味します。もしかすると、学級に居場所がなく、所属感を感じられていない状態かもしれません。居場所がないことほど辛いことはありません。「自分はその集団の大切な一員だ」という実感をもたせなくてはなりません。

子ども集団の階層構造の打破と、所属感をもたせること。この両方を実現するには、肩身の狭さを感じている子に意図的に活躍する場面を用意することです。その子にスポットライトが当たる場面、まわりから「すごいなぁ」「がんばっているなぁ」と思われる場面を用意するのです。私が学級アンケート以外に定期的にやっていたことは、**一人ひとりにスポットライトが当たっているかをチェックすること**でした。

高学年を受けもっていた当時の日記から、一部抜粋して紹介します。

教師が自分をひいきしてくれていると思えると同時に、学級に自分の居場所があると思えるようにしたい。仲間と一緒に過ごしているという所属感をもたせたい。学級のどこにも所属できないのは辛い。居場所があるというのは、自分が所属する場があることに加え、「自分にスポットライトが当たる場面がある」ことも意味する。

32人それぞれにスポットライトが当たる場面はあったか。どこに居場所があったのか。一人ひとりの子どものスポットライトが当たっていた場面と居場所を記していく。

1番　陸上大会に何度も出場。2学期の学級代表。
2番　応援団に所属。高跳びと幅跳びで活躍。アイデアが生かせている。
3番　バスケットボールで大活躍。討論での発表。リーダーシップを発揮。
4番　友だちと仲良く過ごせた。バスケットボールで活躍。国語の読解をがんばった。

5番　バスケットボールでチームを組んだ。的確な意見を言える。友だちと仲良く過ごしている。たくさん発表している。つっこみを入れてくれる頼もしい存在。

6番　バスケットボールで大活躍。休み時間にも運動に取り組む。クラスのやんちゃ坊主に愛される女子。

7番　一番真面目に取り組む心優しい子。友だちと仲良く過ごした。学力が急上昇。

8番　放課後に、鉄棒などの運動をして過ごしている。行動範囲が広がった。明るくなった。成績もよい。よく話し笑うようになった。

9番　バスケットボールで活躍。算数で自分から進んで発表した。発表回数トップクラス。

10番　一度の作文で原稿用紙80枚程度書いた。クラブでの大きな発表もがんばった。陸上競技で活躍。おそらく一番人間の根本が変わって、一番学力も伸びた。友だちも増えた。

11番　休み時間のバスケットボールチーム10人のキャプテン。頭の回転がよく成績も確実に伸ばしている。

12番　明るく、真面目な子。休み時間にバスケットボールを楽しんだ。前向きな態度がとてもよい。クラスのお姉さん役で、よくみんなと会話を楽しんでいる。

13番　友だちと一緒に仲良く遊べるようになった。10人ぐらいで休み時間にバスケットボールをしている。放課後にも練習している。成績はトップクラスにまで伸びた。討論で1人反論したという勇気の持ち主。

このように、定期的にスポットライトが当たっているか、居場所があるか、学級の友だちからがんばりを認知されているか、などを確認するようにしていました。

放課後に1人教室に残り、子どもの姿を思い浮かべながら日記に列挙していったのです。ほんのちょっとの振り返りなのですが、子どもの様子が徐々に詳細につかめるようになっていきました。教師が強く「一人ひとりにスポットライトを当てよう」と思っており、かつ、本当にスポットライトが当たっているかをチェックすることが大切なのです。

さらに私は、**学級通信に出てきた名前の数もチェックしていました**。特定の子どもに偏っていないかチェックし、全員のがんばりが友だちや保護者に伝わるようにしたのです。

こういったことの積み重ねで階層構造は打破されていきます。しかも、それぞれの子に活躍の場があるのですから、まわりからがんばりを認知されている状態になります。つまり、所属感をもつことができるのです。

22

「同調効果」で荒れが広がっている

経験豊富なベテランのT先生は、荒れた子や問題行動をよく起こす子を担任することがありました。生徒指導力の高いT先生なら、平穏に学級経営を進められるだろうと管理職が期待していたからです。事実、毎年のように学級を立て直していたのでした。

ある年、T先生は、学年全体が荒れてしまった学年を担当しました。のみならず、T先生の学級には、生徒指導上の問題がある子が集められました。

4月最初から、学級には落ち着きのない騒がしい雰囲気が漂っていました。だれかがルールやマナーを逸脱し、それに追随して、他の子も騒がしくなり、最後にはT先生が叱るという毎日でした。それでもT先生の指導力で、4月、5月は学級が荒れることはありませんでした。

しかし、6月なると、学級は騒々しい雰囲気に包まれるようになりました。T先生がいくら注意しても、叱っても、子どもたちは平気でルールやマナーを逸脱するようになったのです。こうなると、雪だるま式に荒れた行動が増えていきました。

この学級には、いくつか特徴がありました。

授業でも、授業外の場面でも、気が緩んでいる子がやたらと多いのです。例えば、教室内を走り回るとか、廊下でボールを蹴ってサッカーをするとか、ふざけて友だちを思いきり押すとか、そういう姿が頻繁に見られるのです。

授業中も、友だちの椅子をずらして座らせないようにしたり、尖った筆記用具で友だちを刺そうとしたりといった行為をしています。

見ていて「けがしそうだな」「危ないな」と思うような行動を平気でするのです。

このように、気の緩みから無意識に危ない行動をする子が多く、また荒れた行動を取る子もいます。そして、悪いことに、そういった子に影響されて、他の子も危ない行動や荒れた行動を取るようになっていきました。集団の雰囲気に影響され、同じような行動を取るようになったのです。つまり、**同調効果や同調圧力が生じてしまっていた**のです。

指導力のあるT先生でも、もはや学級の荒れを食い止めることはできませんでした。教師1人の力では限界に達したのです。

学級の雰囲気づくりのために子どもを参画させよう

この事例では、まず学校運営のやり方に無理があります。いくら指導力があっても教師1人の力には限界があります。問題行動を頻繁に起こす子を1つの学級に集めたら、個々の荒れた行動は相乗効果を発揮し、荒れが加速度的に進行して、危機的状況に陥ります。「ハインリッヒの法則」をご存知でしょうか。「1件の重大な障害を伴う事故が起きる前に、29件の軽傷に至る事故と、300件の怪我に至らない異常が起きていた」というデータに基づく経験則です。アメリカの損害保険会社に所属する統計分析の専門家だったH・W・ハインリッヒは、労働災害のけがの程度を分析し、その比率を表現したのでした。その数字から、「1：29：300の法則」「ヒヤリ・ハットの法則」などと呼ばれます。「ヒヤリ・ハットの法則」と呼ばれる理由は、300件の「異常」が「ヒヤリ・ハット」する状況を指すからです。この事例では、毎日のように子どもたちは危ない行動をしているので、あっという間に重大事件にまで発展する可能性があります。

集団の同調効果（同調圧力）は、よい方向にも悪い方向にも発揮されます。がんばる子が多くなれば、学級の雰囲気がよくなり、がんばる子が増えます。しかし、荒れた子が多くなれば、学級の雰囲気が悪くなり、荒れる子が増えるわけです。

悪い方向の雰囲気がつくられているなら、それを変えるしか手はありません。しかし、教師1人の力では、この場合かなり難しいでしょう。そこで、教師と一緒によりよい雰囲気を学級につくってくれる子どもを増やさなければなりません。子ども一人ひとりの力で、学級の雰囲気を変えていくようにするのです。

まずは、**気が緩んでいる子だけでなく、学級全員に気が緩んだ行動の危険性を語ることが大切**です。そして、前向きにがんばることの価値も、学級全員に語るのです。

同時に、個別の働きかけも必要です。**個別に面談し、学級の雰囲気をよりよいものに変えるための応援を頼む**のです。教師の力と子どもの力の両方がそろうと、大きな力になります。子ども一人ひとりが「自分たちで学級の雰囲気をよいものに変えよう」と思い、行動するようになると、学級の雰囲気はガラッと変わります。

【参考文献】

・ハインリッヒ（著）、三村起一（監修）『災害防止の科学的研究』日本安全衛生協会、1951

23

物理的な自由はあっても、「心理的な自由」がない

若いG先生の教室では、授業中、特定の子ばかり発表する様子が見られました。毎回、勉強ができる（とまわりから思われている）子ばかりが発表するのです。

G先生は、授業の工夫を心がけていました。「だれでも答えられる発問」を意識し、事前に準備していたのです。発問後には、思考時間を確保するため、ノートに考えを書かせました。さらに、ペアで相談させたり、班で意見を交流させたりすることもありました。

しかし、いざ全体の場で発表させようとすると、特定の子しか手をあげないのです。

発問するだけでなく、自由に気づきや疑問、感想を発表させ、子どもの問題意識を確認することもありました。しかし、やはり特定の子しか発表しないのです。

G先生は考えました。「発表がはずかしい子もいるのだろう」、「高学年になると発表したくない子もいるのだろう」。だから、仕方がないと判断したのです。

ただ、G先生は子どもの様子を見ていて、「どうもおかしい」と感じることがありました。毎回同じ子が発表するので、「まだ発表していない人に発表してもらいます」と指示したときのことです。いつも発表していない子を指名すると、いかにも「嫌だなぁ」という表情や態度になるのです。中には、ビクビクしながら、まわりの子どもたちの反応をうかがって発表する子もいます。

「うまく発表できなくて、みんなに笑われたらどうしよう」「発表内容がよくなくて、みんなにバカにされたらどうしよう」。そんな心配をしているようでした。

このような姿は、子どもだけの討論の際にも見られました。特定の子が何度も意見を言い、他の子が発表をしないのです。討論では、反論の場面を用意したり、少数意見の子に発表の機会を用意したりすることもあります。せっかく発表の機会を取っているのに、少数意見だと、大多数の子に遠慮して、自分の考えを主張できなくなるのです。また、反論も、相手に遠慮してできないのです。

話し合いの場面でも同じで、学級のイベントや学校行事の企画をする際、特定の子しか意見を発表しません。活動の内容や役割、進行の仕方など、一部の子が意見を言って次々と決まっていきます。学級全体の意見が反映されていないとG先生は感じていました。

自身のわずかな表情の変化まで自覚し、学級の心理的な自由度を高めよう

この事例では、物理的な自由はある程度確保されています。だれでも答えられる発問が用意されていますし、思考時間や相談の場が確保されています。討論の場では、反論や少数意見が大切にされています。また、子どもの気づきや疑問を発表する機会があります。イベントの企画を考える話し合いでも、自由に話し合う場面が用意されています。

このように、教師には物理的な自由を確保する意思があります。でも、特定の子しか発表しようとせず、他の子は自由に意見を言えません。これはなぜなのでしょうか。

原因としては、**「心理的な自由」が確保されていないこと**が考えられます。心理的な自由とは、個々が気持ちの面で、「自分らしい言動をしてもいい」「自分は自由に意見を言ってもいい」と感じられることを意味します。

例えば授業中に、「どんな意見を発表しても教師は認めてくれるし、まわりの子も認めてくれる」と思えていれば、「自分の意見を自由に言おう」という心理的な自由を感じら

れるはずです。物理的な自由だけでなく、心理的な自由にも目を向けるべきなのです。

そもそも子どもたちは、学校生活で様々な心理的な縛りを感じています。授業中に、勉強ができる（とまわりから思われている）子しか発表しないのは、その典型です。「塾に行っている人がいつも正解するから、自分は自信がないので発表したくない」「間違った答えが認められないので、恥をかきたくない」などと思っているのです。

子ども集団に階層構造があれば、事態はもっと深刻です。「絶対に正解というときでないと、間違ったら差別やいじめを受けるので、発表するのは危険だ」と思っていることもあるのです。

だから、授業中に特定の子しか発表しないというのは、**発表しない子が悪いのではなく、そういう心理的な縛りが生じている学級環境が悪い**のです。

だからこそ、教師が心理的な縛りをなくす努力をしなくてはなりません。「間違った意見も大切だ」「勉強ができるとかできないとか、そういうことに大きな違いはない。やればみんなできる」「答えが１つとは限らない」といった価値観を教え、心理的な自由を保障すべきなのです。

教師はつい、自分が求めている意見が出るといい顔をし、自分が求めていない意見が出ると顔をしかめてしまいがちです。**こうした教師のわずかな表情の変化、対応の変化が、心理的な自由を脅かしていることもあります**。

また、まわりの子どもたちの反応も重要です。どんな意見でも価値があると理解できていれば、とんでもない発表でも受け容れられるはずです。また失敗はだれにでもあると理解できていれば、発表がうまくいかなくても受け容れられるはずです。このような「失敗してもよい」「どんな意見でも貴重だ」という雰囲気が学級にあるかが問題なのです。

授業では、「問題を自分で発見しましょう」「問題を解決する方法を自由に考えてごらんなさい」などと、子どもに自由に発想させる場面があります。

こんなとき、塾でよい成績をとっている子よりも、やんちゃで自由な発想の子の方がおもしろい意見を出すことがあります。このような逆転現象を通して、「だれの意見でも貴重なのだ」と理解させていくことも大切です。

「3分の1というのは現実に存在するのですか？　わると、0・333…でわりきれませんよ。3分の1を実際につくってごらんなさい」と指示すると、塾で予習している子は戸惑い、算数は苦手だけど柔軟に考えられる子が活躍することがよくあります。

こういった、劣等感を打ち消すような指導を日常的に行うことが大切です。それでこそ、差別のない平等な雰囲気がつくられ、心理的な自由度が高まってくるのです。

どうしても発表に躊躇する態度が見られるなら、**集団での発表によって慣れさせていくのも１つの方法**です。４人グループで司会や書記、発表係（２人）と役割を決め、３、４人で話し合いをさせます。話し合いの後、全体の前で発表をさせるのです。

発表係が２人いるのがポイントです。２人なら怖くないのです。発表が終わったら大きな拍手でがんばりを讃えます。教師もよい発表だったとほめます。こうして自信が生まれ、次に発表するときも抵抗感が減ります。続けていけば、１年後にはだれもが何の抵抗もなく、１人でいきいきと自分の意見を言うことができるようになるでしょう。子どもたちは、発表したくないのではなく、学級の雰囲気や環境に問題があるから発表できないのです。

物理的な自由に気を配り、物理的な自由を保障できる教師は多いのですが、心理的な自由にまで気を配り、それを保障できる教師は多くありません。心理的な自由の中には、心理的安全性も含まれます。心理的な自由のある雰囲気や環境をつくるには、教師の意図的・計画的な取組が必要になるのです。

【参考文献】

・大前暁政（著）『本当は大切だけど、誰も教えてくれない 学級経営 42のこと』明治図書、２０２０

24

不適切な行動に「注目する」ことで、不適切な行動を助長している

若いC先生の教室では、よく注意される子が複数いました。

例えば、授業中によく手遊びをする子がいます。消しゴムで遊んだり、紙を丸めて遊んだりしています。時には、隣の子にいたずらしたり、私語を始めたりします。

そのたびにC先生が注意やフォローをしなくてはならなくなります。ところが、次の授業でも、その子は同じ行動を取ります。C先生が何度も注意をすることになるのです。

他にも、C先生の指示通りにやらない子がいます。C先生の指示を聞いていないこともありますし、あえて無視して自分勝手に行動することもあります。この子にも、繰り返し注意やフォローをするのですが、改善されません。

このように、同じ子が何度もC先生から注意を受けている状態でした。

注意される子の中には、C先生に注意されたり、フォローされたりすることに対して、

「心地よい」「注目されてうれしい」と感じている子がいるようでした。教師が関心をもち、親身に対応してくれるのが、まんざらでもないようなのです。また、まわりの子どもから「注目を浴びる」「関心を集める」ことにも、気持ちよさを感じているようでした。

しかし、学級の雰囲気は悪くなる一方でした。教師は授業中、どうしても注意が多くなるので、がんばっている子も叱られたような悪い雰囲気になるのです。

そこで、C先生は保護者に連絡することにしました。「授業中、学習とは関係ないことをしているので、家でも注意してほしい」と伝えました。

C先生から連絡があったので、保護者は家で子どもに厳しく叱ることになりました。

これでしばらくは、おとなしくしているかと思いきや、そうではありませんでした。注意される行動を相変わらず続けています。仕方がないので、C先生はいつものように叱らなくてはなりませんでした。保護者にも何度も連絡する羽目になりました。

そのうち、保護者が、学校や担任に対して不信感をもつようになりました。

「家でも注意して、学校でも注意したのに、どうしてうちの子どもだけ何度も先生から叱責を受けないといけないのか」。このように思われたのです。そのうち、保護者が教師を応援する雰囲気がなくなり、学級の雰囲気はますます悪化していきました。

保護者の協力も得ながら、適切な行動に注目、称賛しよう

人はだれしもが、「目的」をもって行動していると言われています。このことを強く主張したのが、個人心理学（アドラー心理学）を創始したアルフレッド・アドラーでした。アドラーは、どんな行動にも目的があり、たとえ不適切な行動であっても、何らかの目的を達成するためにその行動を取っていると考えました。

そして、その目的の最たるものが、「所属感を満たすこと」だと主張しました。つまり、**自分の居場所を確保することが、人間の根源的な欲求**だとアドラーは考えたのです。

がんばることで称賛を得て所属感を満たすのなら、特に問題はありません（ただし、アドラーはほめられたくて称賛を集めようとするのはあまりよい行動ではないと考えていました。共同体に役立つから貢献するという動機なら、よい行動だと考えたのです）。

しかし、がんばることで称賛を得るのが難しいと、人はやがて不適切な行動を起こすようになります。アドラー心理学の体系化に尽力したルドルフ・ドライカースは、不適切な

行動の目的を次のように考えました。

第一段階　注目を集める
第二段階　自分が強いことを示すため権力闘争をする
第三段階　仕返しや復讐を行う
第四段階　自分の無力を誇示する
（ルドルフ・ドライカース（著）、宮野 栄（翻訳）、野田俊作（監訳）『アドラー心理学の基礎』（一光社 1996、pp51-54を参考に著者が作成）

「段階」を表示しているのは、順序性があるからです。不適切な行動で注目を集めようとしているのは、第一段階に相当します。授業中にわざとうるさく騒いだり、教師の指示と違うことをしたりして、注目を集めようとします。この第一段階の実現が無理なら、教師に対して権力闘争をしかけるという、第二段階に進んでしまうのです。

第一段階にいるうちに何とか対応しなくてはなりません。不適切な行動に注目することを教師は止めないといけません。**意図的な無視が必要なことがある**のです。

そして、みんなに貢献できたときや、いつもより努力したときにそのがんばりを認め、その子に注目するのです。つまり、**適切な行動に注目する**ということです。

言い換えると、不適切な行動で教師の注目を得られるメリットを感じさせてはいけないわけです。メリットがあるから、次もまた不適切な行動をしてしまうのです。

したがって、**不適切な行動の際にたくさん関わるのは逆効果**です。がんばったときやまわりに貢献したときに、たくさん関わればよいのです。

この事例のもう1つの改善すべき点は、保護者対応の仕方です。

保護者にも、子どものよさやがんばりに注目してもらうべきです。

教師が子どものよさやがんばりに注目し、そのよさやがんばりを子どもに伝えて称賛するだけでなく、保護者にも伝えるようにします。

学校での子どものよさやがんばりを、家庭でも称賛されることで、子どもはより適切な行動を取るようになるからです。

私の場合、保護者会で学級の様子をビデオやスライドショーなどで紹介してきました。学級の子どもたちのがんばりを知ってもらうためです。

その後、「**我が子のよいところの発表**」を、一人ひとりにしてもらいます。もちろん、急には発表できませんから、前もって保護者に趣意説明をしておきます。

「人のよさやがんばりは、見ようとしてはじめて見えてきます。悪いところは自然と見えるのですが、よさやがんばりは見ようとしないとなかなか見えてきません。そこで、1学期の間、お子さんのよさやがんばりに注目しておいてください。保護者会で話をしていただくかもしれないので、よろしくお願いいたします」

保護者会では、私が手本としてはじめにやってみせます。保護者の方たちは興味津々の様子です。

続いて1人ずつ、保護者に我が子のよいところを発表してもらい、1人ずつ私がコメントします。「学級でもそのよさが発揮されている」「学級ではこんなこともがんばっている」など、学校で見られるよいところを簡単にコメントするのです。

保護者会の最後には次のように伝えます。

「ご家庭でも、ぜひお子さんのよさやがんばりを称賛してあげてください。**今日教えてくださったお子さんのよさやがんばりを、そのまま本人に伝えるのが一番**です。きっとお子さんは喜ぶはずです。私自身、そうしてもらったことで、20年以上経った今でも、自分のよさやがんばりを覚えているんです」

ちょっとした懇談会の1コマですが、「先生は我が子のよさやがんばりに注目してくれている」「親として自分も我が子のよさやがんばりに注目しよう」と思ってもらえます。保護者が教師を応援してくれるようになると、学級の雰囲気はよりよいものに変化していくはずです。

【引用・参考文献】

・ルドルフ・ドライカース（著）、宮野栄（翻訳）、野田俊作（監訳）『アドラー心理学の基礎』一光社、1996

・ドン・ディンクメイヤー（著）、ルドルフ・ドライカース（著）、柳平彬（翻訳）『子どもにやる気を起こさせる方法　アドラー学派の実践的教育メソッド』創元社、2017

・野田俊作・萩昌子『クラスはよみがえる　学校教育に生かすアドラー心理学』創元社、1989

第４章
まちがいだらけの「学級システムづくり」

25

子どもが「メタ認知」できるシステムがない

学習発表会や学芸会、音楽会、運動記録会など、行事に向けての練習でのことです。

若いK先生には、学級の子どもたちが、自分から進んで取り組んでいるようには見えませんでした。他の学級ほど、努力を続けたり、友だちと協力して準備したりする姿勢が感じられなかったのです。

最初は、「練習のやり方がわからないのかな」と思い、練習の仕方を教えてみました。練習のやり方を教えると、確かに少し動きは変わりました。進んで練習をする子もチラホラと出てきました。

しかし、K先生には、まだ何か足りないように思えました。

他の学級は、もっと熱意をもって練習しているように見えるのです。

例えば、運動会の表現運動でのこと。他の学級では、毎日子どもたちは休み時間になると自主練習をしています。その様子が、まさに「熱中」といった感じなのです。放課後に教室に残って自主練習している子も多くいます。

音楽会の練習でもそうです。他の学級では、毎朝子どもたちが自分から自主練習をしているのです。休み時間にも、進んで音楽室へ練習に行きます。真剣そのものなのです。

なぜこのような意欲や主体性が自分の学級で生まれないのか。K先生には不思議で仕方ないのでした。

ベテラン教師の様子を見ていても、練習を無理強いしている様子はありません。むしろ温かく微笑みながら子どもの練習を見ています。そして、子どものがんばりをよくほめています。

「ほめるのが足りないのか」とK先生は思い、一人ひとりのよさやがんばりを見つけ、ほめてみることもしました。

しかし、それでもあまり動きは変わりません。他の学級の熱心さと同じくらいに劇的に変わるほどではないのです。

K先生は、何かの指導が足りないことはわかっていたのですが、何が足りないのかがわからず途方に暮れるのでした。

ゴールのイメージと具体的な評価基準を示そう

子どもに何かに取り組ませる際には、まずは、「ゴール」を示すことが必要になります。どうなったらゴールなのか、そのイメージをもたせるのです。

ゴールには、**「学級全体のゴール」と「個人のゴール」**があります。

まず、教師が学級全体のゴールをイメージさせなくてはいけません。活動の意義を示し、どういう姿を目指してほしいのか、教師の思いを話すのです。

音楽会なら、「みんなで音を合わせて演奏する気持ちよさを感じることができますよ」「見ている人が感動できるような合唱ができると自分も感動できますし、自分の成長にもつながりますよ」「音楽会に来た人も自分たちも感動できるような演奏や合唱ができるといいですね」などと語ります。語りによって、ゴールへのイメージをもたせるのです。また、趣意説明も行うことで、ゴールに向かってがんばる気持ちにさせます。

続いて、個々に目標や夢を描かせます。「こんなふうになりたい」「こんなことができるようになりたい」といった思いや願いを考えさせるのです。

一人ひとりのゴールが決まったら、紙に書かせるなどして、教師も把握します。そして、一人ひとりのゴールを反映したゴールを、学級全体で決めます。学級全体のゴールは、例えば、「見ている人も自分たちも心を動かされる音楽会にしよう」などとなります。

学級全体のゴールを示してから、個人のゴールを考えさせる場合もありますし、反対に、個人のゴールを決めてから学級全体のゴールを決める場合もあります。

いずれにしても、ゴールが決まると、「今の自分はどこまでできていないといけないか」「今の自分はどうあるべきか」が決まります。

遠い未来であるほど、ゴールのイメージは漠然としているものです。しかし、遠い未来のゴールは漠然としていても、「今あるべき自分」はある程度はっきりしているはずです。「美しい合唱にするには、みんなと同じ声質で歌えないといけない。もう少し高くきれいな声を出そう」「合奏で、前半だけでも完璧に仕上げておこう」などといった具合です。するとと、「今やるべきこと」も見えてきます。具体的に、どう努力すればよいのかが見えてくるのです。つまり、ゴールに向かう方法がわかってくるわけです。

さて、ここで**教師が評価基準を示すことも重要**です。

「見ている人も自分たちも心を動かされる音楽会」にどこまで近づけているのか、基準を示すのです。例えば、私は次のような評価基準を示し、練習でどこまで到達しているかを評価していました（小学校4年生に伝えた内容です）。

「レベル1は、『高いきれいな声で歌う』でしたね。これは先日コツを教えましたね。ほぼ全員ができるようになりました。これができたら80点だと言いました」

「レベル2は、『表情も意識する』でしたね。口を開ける。目を開ける。笑顔で歌う。これもできている人が増えてきました。表情を豊かにして歌うのは意識すればできるからがんばってください。これができたら90点です」

「レベル3は、『腹に力を入れて、声量を大きくすること』です。これは練習しないとなかなかできません。高いきれいな声のまま、声量を大きくする練習をしておきなさいと言いましたね。少しずつできている人が増えています。これができたら100点です」

このような評価基準を示して、全体評価と個別評価を両方していくのです。

個別評価の際は、5人ぐらいで歌わせます。そして一人ひとりに点数を伝えます。

「いろいろな人に見られていると、練習で出せる力が出せないことがあります。Aさんは今日は85点でした。まずまずでしたよ。声量が上がってきました。Bさんは80点。高いきれいな声は出ているので、あと少し表情と声量を意識してほしいです。Ｃさんはすごいです。みんなが見ているのに95点でした。練習をがんばっていてすごいなと思っています。……（順番に個別評定をしていく）」

評価基準を示すことで何が変わるのでしょうか。それは、**教師が個別に評定できるだけでなく、子どもが自分自身を評価できるようになる**ことです。つまり、**メタ認知ができるようになる**のです。「このままだと80点のままだ。もっとここをがんばって練習しないと100点は無理だ」。このように自分自身で判断できるようになるのです。

こうして、練習で何をどうがんばればよいのかがわかり、しかも自分が成長できていることも認知できます。すると、意欲も主体性も自然に高まってくるというわけです。

さらには、**子ども同士の教え合い**もできるようになります。息を吸って腹から声を出すやり方や、高い声の出し方など、練習方法を教えています。しかも、評価基準も教えているので、子ども同士で「まだ85点だ」などと、教え合うことができるのです。

このように、ゴールのイメージをもたせ、ゴールに到達するための練習方法を理解させ、しかも評価基準を示してメタ認知できるようにしておけば、子どもたちは意欲も主体性も高くなり、自分から進んで練習に取り組むようになるのです。

26

「集団」の統率に意識が傾き、「個」を見失っている

若いS先生は、毎年40人ほどの学級を受けもっていました。

学級に40人もいると、集団をまとめることで精一杯でした。そのため、40人の集団をどう動かすのか、どう統率するのかに意識が傾いていました。

S先生は、「集団統率」「集団を動かす方法」といった内容の教育書を読み、もっぱら「子ども集団の動かし方」について学びを続けていました。

教師になって3年が経つころには、統率力も高まってきました。40人近くの学級を受けもっても、教師の指示通りに子どもを動かせるようになりました。また、趣意説明をして、やる気を引き出しながら、前向きな方向へ導けるようにもなりました。

さらに、子ども同士の関係性を高め、集団をまとめることも徐々にできるようになりました。「互いの個性やがんばりを認め合う」「力を合わせて課題に挑戦できる」など、集団

の質を高めるための指導ができるようになったのです。

ところが、ここに至って、ふと気づくことがありました。それは、**集団として全体を見ようとするほど、一人ひとりの思いや願いが見えなくなってしまう**ことでした。

例えば、ある子は「勉強が苦手なので、もっと先生に相談したい」と思っていました。別の子は「難問をチームで解決する学習が楽しかったので取り入れてほしい」という思いをもっていました。さらに別の子は「スポーツ大会で活躍したいので、放課後の練習をもっとしてほしい」という願いをもっていました。

普段の会話では個別の思いや願いを知る機会はありませんでした。一人ひとりが様々な思いや願いをもっていることに気づいたのは、教育相談や個別のアンケートからでした。教育相談のわずか10分間で、思いや願いを語ってくれたのです。また、個別のアンケートにも、思いや願いが記入されていたのです。そこではたと気がついたのです。「ひょっとして自分は、40人を十把一絡げに見てしまっていたのではないか」と。

「集団として的確に動かせたらよい」「全体としてよい方向に導くことができていたらよい」。知らず知らずのうちに、このような意識になってしまっていたのでした。

「個人のゴール」を知り、指導や支援ができるシステムを構築しよう

学級全体を見るのも大切なことですが、一人ひとりに目を向けることも大切です。一人ひとりの思いや願いに目を向け、一人ひとりに合った教育を行うことで、子どもは驚くほど成長するからです。

私がそれに気づいたのは、特別支援教育で、個別の指導計画を立てたときのことでした。特別支援教育では、次のように、個別の指導計画にあらゆることを記入します。

「現状できていること・できていないこと／得意なこと・苦手なこと／どういうときにがんばり・どういうときにがんばれないのか／個性や障害の特性／その子の思いや願い・保護者の願い／医師の診断と教育方針／1年後に目指すべきゴール・2学期までに到達すべきゴール・1学期までに到達すべきゴール／ゴールに到達するための手立て／意欲や自己評価の程度／手立ての実行と結果／振り返りと今後の教育方針」

特に私が大切だと思ったのは、**「1年後に目指すべきゴール」の設定**です。

この1年後のゴールの設定には、保護者の願いや医師の診断、そして教師の見立てなどが影響を与えます。しかし、**一番大切なのは「本人の思いや願い」**です。

「本人が自分のことをどう思っているのか。どう評価しているのか」

「本人にはどんな夢や目標があるのか。何ができるようになりたいのか」

「学習面だけでなく、対人関係や生活面でどうなりたいと思っているのか」

そういったことを本人と話し、1年後のゴールを一緒に考えていったのです。

その子に合わせた教育を行うことには、かなりの効果がありました。保護者も驚くほど1年間で成長し、様々なことができるようになったのです。

ある年、少人数の学級を受けもつことがありました。そのときふと思ったのです。「全員に個別の指導計画をつくってみるのはどうだろう」と。そして、実際に実行してみたのです。学級の人数が少ないと、個別の指導計画をつくるのに苦労はありませんでした。

4月からしばらくして、一人ひとりに1年後のゴールを考えさせました。その際、ゴールを自由に描いてよいこと、今の自分よりも成長した自分を描くことを助言しました。ゴールが描けたら、そのゴールを達成するために、自分ががんばることも考えさせました。

そして、ゴールとがんばることを紙に書かせたのです。このとき、一人ひとりの思いや願いを聞く時間も取りました。もしゴールが描けなかったり、がんばる方法が思いつかなかったりしたら助言するためです。特に気をつけたのは、ゴールを達成するための具体的な道筋や方法を、本人と一緒に考えるようにしたことでした。

この取組を行ってみると、学級集団全体をなんとなく見ていたときよりも、何倍も学級集団を詳しく知ることができるようになりました。

一人ひとりのよさやがんばりも見えてくるようになりました。そして一人ひとりに異なった指導や支援ができ、きめ細かな個別対応ができるようになったのです。その結果、集団づくりもきめ細かくできるようになったのでした。

前項でも述べた通り、学級経営には、学級集団が目指す「学級全体のゴール」と、一人ひとりの個人が目指す「個人のゴール」の2つがあります。

学級集団としてどういう姿を目指すのか。これが学級全体のゴールです。「一人ひとりのよさを認め合い、切磋琢磨する」などのスローガンの形で示されることが多いものです。

そして個人のゴールは、各自が描く、1年後にこうありたいという思いや願いを具体化したものです。個人のゴールにはさらに種類があり、「①個人の能力の面（学力面）」「対人関係の面（社会性の面）」「③生き方の面（生活の面）」の3つがあります。

教師は、個人のゴールを知っておくと、指導がしやすくなります。そのゴールを基にして、一人ひとりと話ができるからです。

「1年後にみんなで仲良く協力できるようになるため、今これをがんばるといいよ」

「運動大会で活躍するために、今コツコツとこういうことに取り組めばいいよ」

このように一人ひとりのゴールに合った言葉かけや指導ができるのです。だからこそ、4月に「どんな学級にしたいですか？」と尋ね、学級全体のゴールを決めるだけでなく、個人のゴールも考えさせるべきなのです。そして個人のゴールを教師が把握するのです。

一人ひとりの思いや願いを知り、ゴールを知り、個別の指導計画を立てる。

このことの重要性に気づいてから、個人のゴールの確認を毎年行ってきました。

そしてそれは、一人ひとりの「目標シート」として形になっていきました。そこには、「1年後の個人のゴール（学力・社会性・生活）、そのためにがんばること、今の自分はどうなっていたらよいのか（1学期にどうなっていたらよいのか）」を書かせます。学期末には、何をどれだけ達成できたのかを振り返らせます。そして、次の学期のゴールとがんばることを考えさせるのです。この目標シートを書かせるようになってから、一人ひとりに対応した個別指導と集団づくりの両立が可能になったのです。

27

「連携して対処すべき問題」を担任が独りで抱え込んでいる

中堅教師のN先生の学級に、よくパニックを起こす子がいました。時に幻覚が見えることがあり、それでパニックを起こすのです。医師からは、脳機能の障害の可能性があるが、原因の特定は難しいとのことでした。普通に授業をしていると、「お化けが来た」と暴れ出し、パニックを起こします。「お化けが自分を見ている」「知らない人がこっちを見ている」と叫んで教室を右往左往します。幻覚がひどいと、大きな声で叫びながら走り回り、止めようとすると暴れるのでした。幻覚が定期的に訪れるので、N先生は気が気ではありませんでした。パニックが長引くと、暴れた後で1時間ほど眠って休まないといけませんでした。N先生は、担任としてどう関わり、どう対応していけばよいのかわからず、途方に暮れてしまっていました。

また別の中堅教師M先生の学級には、愛着障害をもつと考えられる子がいました。医師から、愛着障害（反応性愛着障害）のため、大人と極端に距離を取ろうとするので、できるだけ愛情を込めて接するよう助言されました。M先生はできるだけ愛情を込めて、優しい態度でその子に接するよう心がけました。

ところが、M先生が優しく関わろうとするほど、子どもからは、強情な反応やわがままな反応、いらだちや口答えが返ってきました。素直に甘えることができないようなのです。M先生がどんなに優しく接しても変わりません。それどころか、日増しにM先生への攻撃的な反応が増していきました。友だちに対しても警戒心をもっており、関わることを避けているようです。

M先生は、何とかこの子に愛情を注ぎ、人を信頼する気持ちを回復させてやりたいと、心に決めていました。しかし、愛情を注ぐほどに攻撃的になるので、M先生はどう接してよいかわからず途方に暮れてしまっていました。

たった1年で、２人が心身ともに疲弊していくのが、周囲の教師にも伝わってきました。しかし、周囲の教師も自分の教室で手一杯で、手助けする余裕はありません。２人とも、「教師を辞める」とまで口に出すようになっていました。

様々な関係者と連携しながら子どもを支援するシステムをつくろう

この事例には、担任１人で対応するのは難しい問題が存在しています。

まず、障害をもつ子への対応には、医師との連携が欠かせません。専門家の意見をよく聴き、相談・連携しながら教育を進めていく必要があります。

子どもが学校へ適応できないまま放置していると、二次障害を引き起こす可能性があります。今もっている障害とは別の障害が生まれるのです。例えば、頭痛や腹痛が繰り返し起きるようになることもありますし、反抗や触法行為が常態化することもあります。

学校への不適応が起きているなら、担任１人の対応では、どうしても限界がきます。

例えば、パニックが頻繁に起きるなら、保健室などの別室でクールダウンできるようにしたり、特別支援学級の担任が対応したりするなど、何らかの連携策が必要になります。

実はこの事例では、保護者から頻繁にクレームも入っていました。担任が力を尽くしても、パニックが収まらないことが何度もあったからです。

保護者のクレームにまで担任１人で対応していたら、すぐに限界がきてしまいます。その場合、保護者の要望に対する窓口を、管理職や特別支援コーディネーターが担うなどの連携策が必要になります。また、市町村の虐待対応担当課や児童相談所、警察などの関係機関への連絡・協力要請を、生徒指導主事や養護教諭が担うなどの連携策も必要です。

このように、**学級担任だけで対応しないシステムを構築する必要がある**のです。学校や教師に対するニーズは、年々多様化しています。

医療支援が必要な子を担任することもありますし、警察や児童相談所、福祉施設と連携する必要のある子を担任することもあります。担任１人ではなく、まわりの教師はもちろん、管理職や養護教諭、医師や関係機関と連携する必要があります。

大切なのは、子どもを担任することが決まった3、4月の段階で、保護者や様々な関係機関との連携を模索することです。子どもを複数の関係者で支援するシステムを組もうと意識していれば、今の学校の体制から、どうシステムを組めるのかが見えてくるはずです。

さて、愛着障害をもつ子など、特別支援を必要とする子を受けもった際、学校で組織的・計画的に対応するため意識すべきことがあります。それは**「ゴール」と「ゴールに向かう手立て」の共通理解**です。特別支援教育では、この２つの共通理解が必須です。

学級担任、医師、保護者、その他の教職員、特別支援コーディネーターなど、関係するすべての人が、ゴールとゴールに向かう手立てを共有しておく必要があります。

例えば、愛着障害の例で言えば、ゴールとなるのは「他者への信頼を取り戻す」ことです。そして、「他者への信頼を取り戻す」というゴールに向かう手立てとして、「愛情を注ぐ」ことは有効な方法です。

問題は、愛情を注ぐと、攻撃的な反応などマイナスの反応が返ってくることです。暴言や、時には暴力が返ってくることもあります。

教師やまわりの子どもへの暴力や暴言は、きっぱりと止めるよう教えないといけません。ただし、厳しく叱る必要はありません。冷静に、温かい雰囲気で、教え諭すのです。ダメなことはダメと伝えながらも、優しく関わる対応を続けていくのです。

愛着障害をもつ子どもたちは、愛情が満たされ、他者への信頼が回復してくると、うそのように落ち着いて過ごせるようになる場合があります。

ただし、愛情がいつ満たされるのかはわかりません。マイナスの反応が返ってくる毎日に、担任が精神的に疲弊してくるので、注意が必要です。マイナスの反応が徐々にエスカレートしていくことが多いのでなおさらです。しかし、やがて「この先生は信頼してもいいんだ」と子どもが思えたら、マイナスの反応はなくなっていきます。

せっかく他者への信頼を回復しかけているのに、友だちや他の教師がその子をバカにしたり、暴言を吐いたりすると、また他者への信頼はなくなってしまいます。**せっかく築き上げた信頼関係も、簡単に崩れ去る**のです。

連携体制が組めたら、その子のゴールを何にするか、どういう手立てでそのゴールを達成するか、一緒に考えていきます。担任する1年間で、何がどこまでできるようになればよいのか、それを考えるのです。そして、各関係者がそれぞれの場で、連携できるところは連携しながら、ゴールに向かう手立てを実行していくのです。

なお、虐待由来で発達障害に似た症状を見せる子もいます。発達障害と愛着障害ではまったく対応が異なります。教師はそういった専門的な知識を学びつつ、様々な機関と連携できなくてはなりません。とにかく、**担任1人の支援では不十分だと感じたら、様々な関係者で連携しながら子どもを支援するシステムをつくることを模索すべき**です。

【参考文献】

・杉山登志郎（著）『子ども虐待という第四の発達障害』学研プラス、2007

28

近視眼的になり、「布石」を打っていない

若いS先生の学校では、学級の荒れが深刻化していました。若い先生の学級だけでなく、20年、30年と経験を積んでいるベテランの学級も荒れることがありました。

授業中に子どもが騒ぎ出し、教師の説教で1時間が終わることもしばしばでした。また、教室から脱走した子を、担任が学校中を探し回って1時間が終わることもありました。

1つの学級の荒れが、他の学級にも伝播し、学年全体が荒れてしまうこともありました。こうなると、どんなに力のある教師が担任しても、授業は成立せず、いじめが横行し、教師への暴言や暴力が日常茶飯事になってしまうのでした。

そんな荒れの雰囲気もあり、S先生の学校では、「子どもたちが落ち着いて1日を過ごせるようにする」ことが第一に求められました。つまり、学級を荒らさないことを、第一に考えるようになっていったのです。S先生も、学級の荒れにつながりそうな子どもの言

動に人一倍敏感になり、ビクビクして過ごしていました。

ある日、教育委員会や文部科学省の関係者が来て研修会が開かれました。研修会では、「できるだけ、授業でも普段の生活でも、子どもに任せて主体性を発揮させるように」と言われました。研修会後、その小学校の教師たちは口々に言いました。「荒れの兆候がある子どもたちを前に、そんな理想を実現できるわけがない」、中には「荒れた現場を知らない外部の人は勝手な理想ばかり言う」と怒り出す教師もいました。

それでも、S先生は「自立のために、子どもたちにあえて任せてみよう」と決意しました。そして、「今日の学習課題はグループで解決して発表してもらいます」などと、学習を子ども主体で進めようとしました。

ところが、少しでもS先生が手を離すと、たちまち子ども同士で言い争いがおき、机に突っ伏してすねてしまったり、教室を脱走してしまったりと、トラブルが起きてしまうのです。普段の生活でも同じで、自分で判断させようとしても、「もう今日は疲れたから帰る」と勝手に家に帰ったり、「次の時間は面倒だから」といって体調不良でもないのに保健室で寝ていたりするのです。こうして、**「やはり子どもに任せるのは無理だ」とS先生はあきらめ、教師主導のいつものやり方に戻ってしまう**のでした。

厳しい状況においてこそ、長期的な視点に立った教育も意識しよう

心に余裕がなくなるほどに、私たち教師は「近視眼的」になっていきます。

心に余裕がなくなる要因は様々です。学校の多忙化や、子どもの荒れ、学校へのニーズの多様化、保護者のクレームなどです。

心に余裕がなくなると、目の前の子どもや学級集団への対応を対症療法的に行うだけになります。つまり、今表面化している問題への手当てに指導の重点が置かれるのです。

ここで意識したいのは、まず「根本的な対応」です。

この事例では、荒れに対して、「根本的な原因をなくす」という方向での対応に意識が向かっていません。例えば「成功体験を用意し、自己評価や前向きな気持ちを高める取組」や「仲間と協働することの価値に気づかせる取組」などを行っていくべきです。子どもの荒れた心を、根本的に変えるための取組を考えないといけません。

さらにもう1つ大切にしたいことがあります。それは「長期的な視点に立った教育」で

す。つまり、**長い目で見ると効果のある手立ても打っていくべき**なのです。

長期的な視点に立つうえで大切なのは、学級の現状把握と1年後のゴールの設定です。まずは、1年後の学級や子どもの姿を描きます。担任が描くことのできる最高の状態をイメージします。4月から子どもの様子を把握し、考えて続けていると、おぼろげながらも理想像が見えてくるはずです。1年後ですから、イメージは曖昧でもかまいません。

続いて、1年後にゴールを達成しているとして、現在どこまでできていないといけないのかを逆算します。すると、現在あるべき学級の姿や子どもの姿が見えてきます。

1年後に自分たちで主体的に動けているのなら、1学期の今は「みんなでルールやマナーを守って動ける」ことはできていないといけません。そして、この「現在あるべき姿」は、「現実の現状」よりも、少しだけレベルの高い目標になっているはずです。だから、教師が何とかしないといけないと思えます。

「現在あるべき姿」と「現実の現状」とのギャップを意識すれば、このように指導しようという指導法が思いつくはずです。ギャップが大きいほど、どう指導したらよいのかを模索し始め、ギャップを埋めようと様々なアイデアを実行するはずです。

目の前の子どもや学級集団が厳しい状況でも、このような「長期的な視点に立った教育」も行っていくべきです。1年後のゴール側から指導を考えていくのです。**ギャップを意識しながら、より理想の状態である「現在あるべき姿」の方に近づけていく**のです。

さて、1年後のゴールを描くうえで拠り所になるのが、第1章で示した「学級経営ピラミッド」のような**学級の成長段階の筋道**です。

まず、現状把握から始めます。現在の学級や子どもの姿は、ピラミッドのどの階層にあるのかを判断します。続いて、「現在あるべき姿」がどの階層に近いのかを考えます。そして、「現在あるべき姿」の階層に近づけるよう指導すればよいのです。

ここでぜひ押さえておきたいのは、学級経営における「布石」という考え方です。「布石」とは、**現状から見ればまだ到達していないと思われる階層の指導を、少しずつでよいので取り入れていくこと**を意味します。「学級経営ピラミッド」は、下の階層が１００％達成されたから1つ上の階層に上がる、というようには進みません。下の階層が満たされてきたら、その上も、そのまた上も少しずつ満たされていくのです。

例えば「安心・安全」が50%ほど達成されると、「協力・所属感」も25%ほど達成されてきます。ですから、布石により、上の階層の指導も行うことが大切になります。まだ届いていないと思われる階層の活動も、あえて少しずつ取り入れていくのです。例えば、4人グループでの協力がやっとという段階で、10人ほどの多人数のグループ活動をさせます。10人程度になると、協調できないと活動が難しいので失敗するかもしれません。よって、途中から教師が手伝い、何とか成功に導くことになるでしょう。

失敗も1つの経験として、教師が言います。「10人で活動するとうまくいかないこともありました。この反省を基に、次からは10人でも協力して活動できるといいですね」

この指導は重要な意味をもちます。それは、**子どもに「次のゴールはこれだよ」と、学級集団として目指すべきゴールを意識させたことになる**のです。ゴールを意識するのは教師だけではありません。子どももまたゴールを意識していないといけないのです。

ゴールの意識があると、子どもたちは次の目標を意識して力を注ぐことができます。

この事例の問題点は、「安心・安全」の確保に終始していることです。学級経営のゴールはあくまで個人の自立であり、集団としての自治です。高い理想を教師がもち、子どもにも意識させながら学級経営を進める意識が足りなかったのです。

【引用・参考文献】

・大前暁政（著）『子どもを自立へ導く学級経営ピラミッド』明治図書、2015
・大前暁政（著）『本当は大切だけど、誰も教えてくれない 学級経営 42のこと』明治図書、2020

29

子どもの「自立」を意識した指導がなされていない

経験数年のE先生の学級には、特別支援を要する子が複数人いました。

A男は、ADHDと診断されており、授業中落ち着きのない様子が見られました。

B男はグレーゾーンであり、学習内容を理解するのに時間がかかりました。

各自に適した支援が必要なので、E先生は計画を立て、手厚い支援を心がけていました。

E先生の支援もあり、A男もB男も、学習でも生活でも前向きにがんばるようになってきました。

ADHDのA男は、教室でじっとしているとストレスがたまってきます。そんなときは、動きたいという欲求を満たすため、動きのある活動を取り入れたり、友だちと相談する時間を確保したりしました。A男は嬉々として活動し、様々な友だちと意見を交流するのでした。その間、適度な気分転換になります。そして、再び授業に集中することができるのでした。

また、A男は衝動性があるため、意見を言いたくなると、指名される前に、答えを言ってしまうことがありました。前向きにがんばる姿勢はよいのですが、まわりの子の考える時間を奪ってしまう難点がありました。

そこでE先生は、A男だけに「もしどうしても意見を言いたいなら、先生にこっそり教える」というルールをつくりました。

A男は、どうしても意見を言いたくなると、E先生だけに「たぶんこうでしょ。オレわかったよ」と自慢気に小声で言うようになりました。それでA男は満足し、まわりの子にも静かに考える時間を確保できるので、授業で混乱は起きませんでした。

A男の生活場面でも、E先生はきめ細かな配慮をしていました。A男の衝動性で、友だちとけんかなどのトラブルが起きることがあります。トラブルに備え、「困ったときはE先生のところにすぐ相談に来ること」というルールを決めていました。

A男はトラブルが起きそうになると、E先生に相談し、仲介してもらうようになりました。A男は、毎日「学校が楽しい」と言って過ごすようになりました。

一方、B男に対しても、E先生はきめ細かな支援を続けていました。

授業でわからないときは、個別指導を頻繁に行いました。

生活場面でも、友だちとうまく遊べないときや、うまく自分の考えを伝えられないときには、E先生が仲介してB男の気持ちを伝え、問題を解決できるよう支援しました。

こうしてA男もB男も、今年になって前向きにがんばるようになったのでした。

ところが、2学期、3学期と時が経つにつれて、ある困ったことが起きるようになっていました。

それは、2人とも**「先生がいつでも助けてくれる」と思って、先生を待つようになってしまった**のです。

例えば、算数の問題を出したとします。その問題が難しいものだと、何もせずにボーッとして、E先生が来るのを待つようになったのです。

以前は、「自分で何とかしないと、みんなに追いつけなくなる」と、自分で解決しようとする焦りが2人からは感じられました。

しかし、今はE先生が必ず助けてくれるので、焦りがないどころか、受身でただ待つだけになってしまったのです。

E先生は、自分の指導の何かが違うのだと、ここに至って気づいたのでした。

「見守る」「待つ」を指導に組み込もう

自立して生きる姿勢と力を養う。

この視点がE先生には不十分だったと言えます。

これは、E先生に限った話ではなく、このような事例は実は少なくありません。**支援が必要な子に対して、手厚くし過ぎることで、かえって自立から遠ざかってしまうというジレンマが生じる**のです。

私が受けもった特別支援を要する子も、私の支援が多くなるにつれて、私に依存する態度と行動を見せるようになりました。つまり、この事例と同じような兆候を見せるようになったのです。

私が受けもった子は、前年度までに失敗体験が多かったので、自信を失っていました。そこで、1学期は成功体験を蓄積して自信をもたせ、「やればできる」と信じさせることから始めました。当然、教師の支援の量は多くなります。

すると2学期ぐらいから、「先生がどうせ助けてくれる」と受身になってきてしまったのです。

こうならないようにするためには、**時にはその子に任せて「見守る・待つ」姿勢が大切**になります。

例えば、算数の問題を出したとします。しかも難問だとしましょう。

私は、2学期ぐらいから、あえて次のような指導に切り替えることにしました。

子どもは、「うーん…、これは無理だ。わからない」とつぶやき、問題を見て早々にあきらめてしまっています。そして、「まあ今回も、先生が助けてくれるだろう」と消しゴムで遊び始めました。ここですぐに助け船を出すと、受身の姿勢がますます強化されそうな状況です。

そこで、私は「見守る・待つ」ことにしました。その子の様子を視界に入れつつも、あえて助けないようにしたのです。

すると、私が気づいていないのかと思って、「やっぱり難しいよ!」「解けないよ!」などと、少し大きな声でアピールし始めました。

しかし私は、あえて助け船を出さず、その子の席には近づきませんでした。

そして、「どうしても解けない人のために、ヒントです」と、全体に言いました。

「教科書の○ページを見て、『前にこんな問題やったなぁ』ということを思い出しましょう」

このヒントを出しても、まだ何もしようとはしませんでした。それほど受身になっているのです。

続いて、時間を置きながら、全体に指示を出していきました。

「絵にするとあっさり解けるかもしれませんよ」

「友だちと相談してもよいことにします」

「早くできた人が黒板に解き方を書いてくれます。それを参考にしてもいいです」

「先生に尋ねたいときは、自分から先生のところに来ましょう」

このように、「困ったときは、こう解決する」という道筋を示したのです。

つまり、**「問題の解き方」を示すのではなく、「1人で勉強を進めるための姿勢や学び方」を示すようにした**のです。「姿勢」や「学び方」を示すことは、自立を促す指導になります。問題を自分で解決する姿勢や力を養うことになるからです。

「わからない顔をしていたら先生が助けてくれる、教えに来てくれる」といった甘えが身についてしまうと、義務教育が終わったときに、結局苦労するかもしれません。社会に出たら、手厚く助けてくれる人がまわりにいるとは限らないからです。

教師としては、子どもの姿勢や力を引き出すのに、「見守る」ことや、「待つ」ことほど焦れったいことはありません。見守って待っていても、子どもは何もしないで1時間が過ぎるかもしれません。ある意味で、子どもとの根比べになることが多いのです。

しかし、教師が助けてくれるのを待っている受身の姿勢では、自立できているとは言えません。そのままでは、自立して生きる姿勢と力を養っているとも言えません。

だからこそ、問題を自分で解こうとするまで、長時間見守り、待つことも行う必要があるのです。

このときも、「間違ってもいいから、自分で解こうとすることが大切ですよ」「困ったら自分で先生のところに来るのですよ」などと言って待ちました。

そうして、**自分から問題を解こうとわずかに動き始めたとき、その瞬間を捉えて、「自分からがんばろうとしていていいね」と称賛することにした**のです。

ポイントは、**わずかに動き始めたときを見逃さない**ということです。「友だちに相談してみようかな」「黒板を見て考えてみようかな」「自分でもう一度教科書を見直してみようかな」。そういった仕草が少しでも見えたときに子どもに近づき、称賛するようにしたのです。

２学期ぐらいから、自分で解決できる方法を教えたうえで、このように「見守る」「待つ」指導が必要でした。こうして、２学期から、徐々にですが自分で何とか解決しようとする姿勢が再び見られるようになってきました。

私たち教師は、手厚い支援を行いつつも、「自立」を見据えて指導を変化させていかなくてはならないのです。

30

「その学級ならでは」の活動や仕組みがない

若いD先生は、自分の学級に特色がないことが悩みでした。学級は落ち着いていました。しかし、どこか活気に欠けるところが気になっていたのです。

教職経験を数年積んでいたので、学級経営はある程度できるようになったと感じていました。しかし、それは主に「規律を確立させ、秩序をつくる」という点に関してでした。

他の面に関しては、他学級に比べて見劣りする気がしていたのです。例えば、子ども同士のリレーションシップを深める活動や自由で創造的な係活動、楽しいイベント、学級を豊かにする文化活動、そういった取組が不十分であると感じていました。

ひと言で言えば、「自分の学級の特色」がないのです。

学級の子どもたちは、D先生に向かって口々に言うのでした。

「1組は、何かを全員達成するたびにお楽しみ会をやって、『乾杯!』と言ってジュースを飲んでいるらしい」

「2組は、休み時間になると、おもしろいイベントをしているらしい」

「3組は、今度地域のイベントに学級で出るらしい」

このように、他の学級をうらやましがる声が聞こえてくるのです。

D先生が新卒のころには、学級開きの重要性が特に叫ばれていました。「学級開きでき め細かく指導すれば、1年間学級が安定する」と教えられました。確かに、学級開きでル ールやマナーを教え、その後も定期的に指導することで、秩序をつくることはできました。また、学級開きの時期に当番活動や日直、給食、掃除などの仕組みをつくることで、子どもだけで快適に1日が過ごせるようにできました。

しかし、D先生は、「学級の特色をつくる」ということに関してはだれからも教わらなかったので、具体的に何をすればよいのかわからないのでした。

子ども同士のリレーションシップを深める活動を行う、知的で文化的な活動を取り入れる、学級の問題を自分たちで解決する自治の仕組みをつくる、といった教育活動にはまったく意識が及んでいないのでした。

学級経営には多様な内容が含まれることを知り、学級の特色を出そう

「学級経営」には、実に様々な内容が含まれています。

「学級経営ピラミッド」で示したように、学級経営の柱となるものは2つあります。それは**「集団づくり」と「授業づくり」**です。

集団づくりで言えば、まずは、ルールやマナー、モラルを浸透させることから指導が始まります。また、子どもだけで生活できる仕組みをつくることも最初の指導として必要です。これらの指導の目的は、子どもが「安心・安全」に過ごせるようにすることです。

続いて、友だちとの関係づくりを進めていきます。教師と子ども個人との関係づくりも進めます。友だちや教師とのリレーションシップを高める活動を取り入れることで、「所属感」をもてるようにするのです。他にも、各自に重要な役割を与え、まわりからの感謝がその子に集まるようにすることも、所属感を高めるために必要になります。

少人数での「協力」ができるように指導することも大切です。少人数で協力できるよう

になってきたら、徐々に大きな集団で「協調」できるようにする指導を行います。最終的に、子どもたちでできることは任せ、「自治」を促していきます。

このように、「集団づくり」の中には、多くの内容が含まれています。

さて、学級の特色を出そうと思えば、集団づくりの中で様々な取組が可能です。

具体的には、次のような活動を取り入れていけばよいのです。

・定期的にイベントを行う（イベントごとに企画・運営係を募集）
・学級に貢献するチームをつくる（教室飾りつけチーム、全員遊び提案チームなど）
・学級でランダムに4～5人チームをつくり、休み時間に一緒に遊ぶ
・定期的なお楽しみ会や、全員達成を祝う会のイベントを行う
・希望者でチームをつくって、地域イベントや科学研究発表、自由研究、自由工作、フォトコンテストなどに挑戦する
・ランキングに挑戦する（計算の速さランキング、タイピングの速さランキングなど）
・仲間づくりのための15分のグループワークを、毎回ランダムのチームで行う
・保護者と一緒になってのイベントを定期的に行う
・学級新聞を1か月に1回、4人程度の子どものグループで発行して学級通信に載せる

・席替えのタイミングで、班の人のよいところ、がんばっていたところのほめ合いを行う
・自分たちの学級のよいところを話し合いでたくさん出し合う
・自分たちの学級でもう少し改善した方がよいところを話し合いで出し合う

もう1つの柱である「授業づくり」についても列挙してみます。

子どもだけの討論／学びを原稿用紙30枚以上でまとめる論文づくり／美しい新聞づくりに挑戦／見開き2ページの美しいノートまとめに挑戦／百人一首、俳句・短歌・詩文の暗唱／理科の研究論文・自由研究、自主学習ノート／算数の丁寧なノートづくりに挑戦／水泳・鉄棒・跳び箱・マット運動・二重跳びなどの全員達成への挑戦／陸上記録会や水泳記録会への挑戦

「集団づくり」と「授業づくり」の取組であげたものの中には、文化的な内容も含まれます。楽しいイベントだけでなく、文化的な活動を取り入れると、教室に知的な雰囲気が

生まれてきます。

また、ランダムでチームをつくる、希望者でチームをつくって取り組むといった活動も多くあります。チームで行動していると、徐々にリレーションシップが深まっていきます。また、協力の姿勢や力が身についてきます。こうして、大きな集団でも協調（コラボレーション）できるようになってきます。

ここまできたら、自治を促す活動に無理なく移行することができます。

例えば、自分たちのことは教師に頼らずに実行していく自治や、学級の問題をみんなで解決するための自治ができるようになってくるのです。

「学級づくりは最初が肝心」と言われるのは事実です。しかし、「最初が肝心」と言われるとき、それは「最初に規律を確立せよ」という意味で言われることが多いのです。言い換えると、教師の指導性を確立せよという意味です。

しかし学級経営は1年間継続してやっていくことです。**規律の確立だけが学級経営の内容ではありません**。

学級経営には実に様々な内容があります。その内容と手立てを知っておくことが大切になるのです。

31

活動の「手段が目的化」している

若いA先生は、経験が浅いこともあり、様々な行事指導に自信がもてませんでした。

A先生の学校では、学芸会や音楽発表会、学習発表会など、様々な行事が次々と開催されます。しかし、指導がうまくいかず、子どもたちの発表がなかなか上達しません。本番を迎えると、他の学級の子どもたちが堂々とよい発表ができているのに対し、A先生の学級の子どもたちは、自信なさそうに小さな声で発表しているのでした。

そこで、A先生は考えました。何とか見栄えをよくするため、子どもが使用するものを派手にしたり、映像を用意したりと、工夫することにしたのです。**A先生の意識は、「とにかく、本番で見栄えのよい発表ができる」ことに傾いていきました。**本番前にも、子どもたちに発破をかけ、何とか体裁の整った演技や発表になるようにしていきました。

その結果、表面上はA先生の学級の子どもたちも、他の学級と比べて見劣りしない発表ができるようになりました。しかし、A先生には気になることがありました。それは、行事後の達成感や、がんばったという実感が子どもたちに生まれなかったことです。また、A先生自身も、この行事がすばらしいものになったという実感をもてませんでした。

教師になって数年経ち、A先生は自分が行事の意味や意義を深く考えたことがないことに気づきました。毎年同じ行事が行われるので、時期が来たら指導している感覚だったのです。しかも、行事の見栄えが目的となり、行事本来の目的を達成する意識も薄れていました。行事本来の目的とは、子どもを伸ばすことや、協働する気持ちよさを感じさせること、学ぶことの意義を感じさせること、自らの学習成果を振り返らせること、などです。

そのうち、他の学級の子どもたちと比べて、自分の学級の子どもたちの成長の様子が異なることに気づきました。

例えば、学年全体で子どもが企画するスポーツ大会やお楽しみ会をした際、A先生の学級の子どもたちだけ積極的に動けなかったのです。他の学級の子どもたちは、教師がいなくても自分たちで進んで動いていました。主体性や企画力、運営力に違いがあったのです。

A先生は、自分の指導が不十分だったと自覚できたのですが、何が悪いのかが具体的にわからず途方に暮れるのでした。

活動のゴールを丁寧に共有、設定し、そこから手段を考えよう

教師は、何らかの教育活動を行うときに、その「目的（＝ゴール）」を意識しなくてはなりません。

行事自体は手段であり、目的とは異なります。教育活動である以上、目的は、子どもの学びであり、成長です。何らかの教育活動を通して、どんな学びや成長ができたらいいのか、そのゴールを考えておくのです。

ゴールが決まるからこそ、活動の「手段（＝手立て）」が決まります。

学習発表会1つとっても、「学びの振り返りや自己調整の力をつける」ためなのか、「1年間の学びを整理して理解を深める」ためなのかでは、手立てが異なってきます。

他にもゴールとして、「地球環境問題など、解決の難しい問題に対して、チームで解決の方策を考えさせ、協働や探究の力をつける」「ＳＤＧｓを意識させ、持続可能な社会の創り手としての資質を養う」なども想定できます。ゴールが変われば、活動の手立てもま

ったく変わってきます。

ゴールを最初に考えることで、手立てが頭に浮かんできます。そうしたら、頭に浮かんだ手立てを計画的に実行していけばよいのです。こうすることで、教育活動を「意図的、計画的」に進めることができます。

この事例では、「**目的と手段の混同**」が見られます。これは本当によくある過ちです。

ここでの目的は「行事の見栄え」になっています。つまり、**行事を見栄えよく行うこと自体が目的化してしまっている**のです。しかし、行事自体はあくまで手段です。

学校では様々な教育活動が行われています。教育活動の目的は何か、まずそれを考えなくてはなりません。

なお、子どもの学びや成長は、幅広く考える必要があります。音楽会があるとして、音楽の技能を高めることだけが目的とは限りません。

「努力を惜しまず取り組めば、自分の力は伸びることに気づかせる」ことも目的になり得ます。他にも、「友だちと教え合って、切磋琢磨する姿勢と力を伸ばす」ことだって目的にできます。こういった目的（＝ゴール）をまず教師が考えることが出発点になるのです。

学芸会や音楽会などの発表会が近づいたとき、まず私が意識的に行ってきたのが、子どもたちへのゴールの共有です。

最初に、行事のゴールを教師が語ります。教師が考えるゴールを子どもに説明するのです。そして、教師の語りを踏まえて、各自に行事を通してがんばりたいことを考えさせます。教師の語りを参考に、「子どもなりのゴール」を考えさせるのです。

後は、各自のゴールを包摂する「学級全体のゴール」を教師が設定すればよいのです。例えば、「見ている人が感動する行事にしよう」「これまでの学習の成果をわかりやすく伝える行事にしよう」といった大きなゴールになるはずです。

こうして子どもたちに、教師の語ったゴール、自分が考えたゴール、学級全体のゴールが意識されます。すると、子どもたちにも、ゴールに到達するための手立てが見えてくるようになります。具体的に何をどうすればゴールに到達できるのか、やり方が見えてくるのです。

行事において、本番だけ運がよくて成功するとか、本番だけ調子がよくて成功することに価値はありません。

教育活動ですから、**たとえ本番で失敗したとしても、価値のある成果が残らないといけ**

ないのです。

「１００回練習したら、難しいピアノが弾けるようになった。人間やればできるのだな」

「みんなで合奏がばっちり合ったとき、自分でも本当に感動できた。みんなと心を合わせたら気持ちいいんだな」

このように、本番までに学べること、成長できることがたくさんあるのです。

教育活動の目的は、子どもの力や姿勢を伸ばすことです。能力面を伸ばすことはもちろん、協働の力や姿勢、努力を惜しまない姿勢など、様々な力や姿勢を伸ばさなくてはなりません。

目的と手段の混同が起きないよう、教師はまず教育活動のゴールから考えるようにすればよいのです。

32
「保護者との連携」のシステムがない

若いY先生は、学級経営のすべてを担任1人で行うことに限界を感じていました。落ち着いた学級集団にすることは、何とかできるようになっていました。しかし、切磋琢磨する集団に育てることや、すべての子どもの学力を向上させることなど、質の高い学級経営ができていないと感じていたのです。

他の教職員との連携は意識していました。学年に100人以上いる学校なので、同学年の担任が複数います。特別支援教育の教員や、学年に加配されている教員もいます。それらの教員と連携・協力して、学年全体で子どもを伸ばそうと意識していたのです。

また、管理職や養護教諭、生徒指導主事、教務主任などにもよく相談にのってもらっていました。Y先生は、教職員集団では連携・協力して教育できていると思っていました。

ただ、保護者との連携は不十分だと考えていました。

例えば、学校ではがんばっていても、家庭でよく叱られるので、自信をなくしてしまう子がいました。学校ではいきいきと活発に行動するのですが、連休明けに学校に来ると、元気がなく、落ち込んでいるのです。

他にも、家庭の影響を強く受けている子が学級には数名いました。例えば、家庭で「あの子は乱暴だからつき合うんじゃない。話しかけるのもよくない」などと言われている子がいました。その子は、家庭で言われた通り、特定の子を避けるようになっていました。

Y先生は、家庭訪問で保護者から直接この話を聞き、驚くばかりでした。せっかく、学級がチームとしてまとまりかけても、台無しになってしまうのです。

反対に協力的な保護者もいました。図工で使う廃材を余分に用意してくれたり、学級通信の感想を定期的に手紙にしたためたりしてくれるのです。協力的な家庭の子は、前向きにがんばる気持ちが高まっていきました。保護者の姿勢が、鏡のように子どもに表れるのです。

Y先生は、学級経営を進めていくうえで保護者と連携して教育を進める必要性を感じていました。しかし、**保護者との連携の仕方がわかりませんでした。**隣の学級や、他学年の学級では、保護者が頻繁に教室に訪れ、連携して教育活動を進めているようでした。

学級経営のゴールを共有したうえで、実践を積極的に発信しよう

保護者との連携の仕方を難しく考える必要はありません。学級経営の方針を示し、できるところで協力を仰げばよいのです。

大切なのは、学級経営の方針を示すことです。つまり保護者とゴールを共有するのです。これまでも繰り返し述べてきている通り、どのような教育活動においても、活動前の「ゴールの共有」は大変重要です。

学級経営のゴールは、様々あります。第1章で示した「学級経営ピラミッド」では、「集団面」のゴールは4段階ありますし、「授業面」のゴールも4段階あります。

どのゴールをまず目指すかは、学級集団の実態によって変わります。荒れた学級であれば、まずは「安心・安全」の確保と、「できる・楽しい」授業の実現がゴールになります。ある程度まとまっている学級なら、4月の最初から、自分のことは自分でできる学級を目指すことができるかもしれません。

教師が考えたゴールは、4月に学級経営案としてまとめているはずです。そこで、**教師が思い描いている現在のゴールを学級通信や保護者会、家庭訪問などで発信すべき**なのです。ゴールは、子どもの成長によって変化させていくべきものです。ですから、まずは現在のゴールを保護者と共有します。

そして、学級で実際にゴールに近づく姿が見られるようになったら、学級通信などで紹介していくようにします。そうすれば、保護者にも「ああ、先生はこういう学級を目指していたのだな」と具体的に伝わります。

なお、学級経営のゴールを描くとき、「学級経営ピラミッド」で考えたらわかりやすいはずです。ただし、学級経営では子ども個人のゴールも想定しているはずです。先に述べたように、教師が子ども個人のゴールを描きますし、子ども自身にも自分のゴールを描かせているはずです。

子ども個人のゴールには、大きく「①個人の能力の面（学力面）」「②対人関係の面（社会性の面）」、「③生き方の面（生活面）」の3つがありました。この個人のゴールも保護者と共有することができれば、さらに効果的です。

例えば、「③生き方の面」なら「『高い目標に向かって努力を続ける子』になってほしい」などとゴールを伝えるのです。「②対人関係の面」なら、「『困難な課題でも友だちと協力して乗り越える人』になってほしい」、「①個人の能力の面」なら、「得意なところを伸ばして自信を高めてほしい」といった具合です。もちろん、子どもが自分で描いたゴールを保護者に伝えることも大切です。

ゴールがわかれば、自然とゴールに至る手立てが浮かんできます。ゴールを意識することで、「やり方」は後から見えてくるのです。そこで、ゴールを共有したら、保護者ができるところで、可能な範囲で、手伝ってもらったらよいのです。

ゴールを理解してもらうために、参観日にいじめ防止の授業をするなど、実践を公開するのもよい方法です。この授業は、「様々な人と差別なくつき合い、協働できるようにする」という「②対人関係の面」のゴールを目指す実践です。担任の決意を伝えられますし、具体的に、こういう方針で学級経営を進めていることを伝えることができます。

ある年の参観日、4年生に向けて行った授業の流れは次の通りです。

①いじめとは何か、定義を教える
②いじめを受けた子の作文を途中まで読む
③いじめをしていた子は社会的な制裁を受けたという新聞記事を紹介する

③いじめを受けた子の作文の続きを読む。仲間が助けてくれて、いじめは解消された
④みんなが高い目標に向かって挑戦している学級の様子（私の過去の学級）を紹介する
⑤いじめのある学級か、夢に向かって挑戦している学級か、どちらがいいか尋ねる
⑥1か月で見つけた友だちのよいところを紙に書かせ、教師が発表する

いじめを受けた子の作文（一般公開されているもの）を読み上げるときは、子どもも保護者もシーンとして聞いていました。物音1つしない中、私の小さな声が響いていました。

最後は、「1か月間で見つけた友だちのよいところ」を紙に書かせました。班の人を中心に、4月の1か月間で見つけた友だちのよいところを書かせたのです。ランダムでカードを配付し、複数の友だちからメッセージをもらえるようにしました。

私はカードを集め、1つずつ、カードに書かれたよいところを読み上げていきました。そして、「これはだれかな？　…◯◯さんです！」と、少し考えさせた後で答えを言いました。これは盛り上がりました。カードは本人にプレゼントしました。

「今は4月ですから、書くのが難しいと思ったかもしれません。でも、このカードを簡単に書けるよう友だちと関わってほしいと思います。友だちのよさにたくさん気づいてほしいのです」

我が子のよさやがんばりがたくさん書かれているので、この取組は保護者も喜びます。

「いつも優しくしてくれてありがとう」「いつも発表をがんばっていてすごいなあ」

「友だちに優しくしていてとてもすてきだね」「スポーツをがんばっていていいなあ」

「とても優しくしてくれて、ありがとう。みんなに優しい○○さんでいてね」

子どもたちも宝物のようにカードを持ち帰ります。

このように、**学級経営の方針を説明し、ゴールを共有したうえで、教師が実践している様子を保護者に発信します**。それは参観日であったり、学級通信、保護者会、家庭訪問であったりします。ゴールが共有され、教師の実践を知り、子どもの事実が紹介されるからこそ、保護者は少しでも担任のために手助けする気持ちになるのです。こうして少しずつ保護者との連携が進んでいきます。はじめにゴールの共有ありきなのです。

もちろん、子どもも学級経営の方針や学級集団として目指すべきゴールを知っておかないといけません。教師1人の力では、より質の高い学級経営を実行できないのです。

子どもも保護者も、ゴールを意識して、自分にできることに取り組んでもらうべきなのです。それでこそ、教師1人の力では実現できなかった、質の高い集団づくりや、授業づくりができるのです。

第5章
まちがいだらけの「行事・生活指導」

33

教師に求められる「複数の役割」を意識できていない

教師5年目のR先生は、教師が関わらないと子どもが動けないことが気になっていました。

例えば、授業の調べ学習や、行事の運営・準備などは、できるだけ子どもに任せようとしました。子どもに率先して動いてほしいと願っていたからです。

ところが、**子どもの動きが芳しくないため、結局教師が教えたり、やり方を指示したりと、教師主導で進めてしまう**のでした。R先生からすると、子どもに任せたはよいものの、活動の様子を見ていると、「このままでは失敗する」ということが見えてしまいます。そうして、つい手伝ってしまうのでした。

ちょうどそのころ、先輩教師から言われました。「子どもに力をつけるには、失敗してもいいから、思い切って任せることが大切だよ」と。しかしR先生はその言葉の真意が飲み込めませんでした。子どもに任せて失敗すると、「子どもに力がつかない」「保護者から頼りないと思われる」「同僚から指導力不足と思われる」などが心配だったからです。

そんなある日、校内で研究授業をすることになりました。その研究授業は、「子どもに4人チームを組ませて考察と討論を促し、チームごとに考えを発表させて意見交流する」という方式で学習を進めることに決まっていました。R先生は、やり方が決まっているので、今回ばかりは子どもに任せて授業を進めることにしました。

すると、子どもたちは想像以上にチームで意見交流し、普段よりも深く考察することができたのです。4人チームで発表する際の堂々とした姿にも驚きました。子どもの発表や話し合いが中心の学習なので、自分たちでがんばろうとする主体性が生まれたのです。

また、4人チームで議論したうえで他の班の発表を聞くので、「他の班の考察を学習に役立てよう」と、集中して聴き入っていることにも驚きました。

討論と考察の時間を多く取り、発表も子どもたちが行ったので、子どもの活動量が普段の授業より多いことにも気づきました。子どもたちは「よく学べた」と口々に言いました。

R先生は、この経験を通して、日常の授業でも、子どもに任せる場面では任せないといけないと強く思うようになったのでした。

場面に応じて、教師の役割を臨機応変に変化させよう

学校の大きなイベントでも、3年生ぐらいになると、任せることができるようになります。もちろん失敗もありますが、大きな失敗にならないよう教師が陰で助けたらよいのです。小さな失敗くらいなら、子どもは乗り越えることができます。こうして、自分たちで企画・運営する姿勢や力を育てたいのです。

さて、教師の役割には、様々な形があります。

例えば、前面に出て的確に指示を出し、集団を引っ張っていく形があります。教師ならば、このような形でリーダーシップを発揮することはできなくてはなりません。

ただし、これだけでは不十分です。子どもの自立や集団の自治を促したいのであれば、「コーチング」や「ファリシテーション」といった形も取り入れなければいけません。この場合、**教師の役割は、「コーチ」であり「ファシリテーター」**です。

3年生が幼稚園児や低学年の子を誘うイベントをすることになったときのことです。**最**

初にイベントのゴールを共通理解することは、教師主導で行いました。

「先日、スローガンを一人ひとりに考えてもらいました。みんなの意見をまとめて、『みんなスマイル　楽しい思い出をつくろう』という学級のスローガンをつくりました」

ここから、**活動の目的を考える場面では、コーチの役割に変化し、子どもたちに考えさせました。**

まず、「スローガンの『みんな』とはだれですか？」と尋ねました。「クラスのみんな、地域の人、家の人、低学年の子、幼稚園以下の子」などの意見が出されました。

「今回の活動は、できるだけみんなだけでやってもらいます。ところで、『楽しい思い出』とはどういう思い出でしょうか？　みんなはどんな思い出をつくりたいですか？」

子どもたちは、「友だちと協力できたらいい思い出になる」「みんなでアイデアを考えたらいい思い出になる」などと、それぞれ考えました。

続いて、どんな店をするかを、子どもだけで話し合わせました。話し合いでは、私は一切口を出しませんでした。教師が口を出さないのですから、話し合いの展開は実にモタモタします。話し合う内容も思いつくままです。最初から「何の店をしますか？」と司会が言って、20個も30個もやりたいことが出ます。そして、いきなりの多数決なのです。

9つのアイデアに賛成の手があがりました。しかし、「この次どうする？」と司会も他の子どもたちも困っています。こうして、いくつ出店するのかを決めなくてはならないことに気がつき、9つの中でできそうなものや似たものを再検討し始めました。

子どもたちは、いろいろと考えたあげく、「9つ全部する」「いくつかに絞る」「1つに絞る」の3つの案の中でどうするのかを話し合い始めました。

結局、9つ全部やるという意見が圧倒的多数で可決されました。賛成者がたった1人しかいない店もあるのに、そのたった1人の本人が、「9つ全部やる」に手をあげているのです。つまり、1人でも店をやるというのです。

さっそく、この決定に文句が出ました。「多数決で決まったのに文句を言う」という、よくある出来事です。ここで私が、多数決で決まった後に文句を言うのはよくないこと、多数決の前に意見をたくさん発表しておくべきだったことを伝えました。

次の日、9つすべての店をするので、どう運営するかを話し合うことになりました。似た店があるから、合体しようということになって、結局8つのお店になりました。

このように、話し合いは実にモタモタしているのですが、教師がほぼ介入しないので、子どもたちは自分たちで何とか考えないといけないと本気になってきました。

「店の場所を決めないといけない」「前半と後半の店を決めないといけない」など様々な意見が出て、その都度迷いながら話し合いました。そもそも、前半4つのお店、後半4つのお店なのか、それとも、前後半通して8つのお店なのかも問題になりました。

ここで、**私がファシリテーターとして、子どもたちの意見を整理しました**。準備や運営のやり方が店ごとに違うため、前半と後半のどちらがよいのか、まず店ごとに話し合うように言いました。そして、店ごとの準備と運営の様子を黒板にまとめていったのです。このように、中立的な立場で、意見の整理だけは教師が行いました。

結局、1つの店（迷路）は前半も後半も実施することになりました。迷路なので、片づけも準備も急にはできないためです。車レースとボーリングは、長いレーンがほしいということで、廊下を前半・後半と分けて使うことになりました。残った班は、準備が大変な店は前半に、片づけが大変な店は後半にすることになりました。

このように、**一連の活動でも、教師の役割を臨機応変に変化させていく必要があります**。教師主導だけでなく、コーチングやファシリテーションなど、場面によっては子どもに任せる対応も取り入れます。そうすることで、自立や自治を促すことができるのです。

34

「ダメ出し」で演技の改善を図ろうとしている

学芸会に向けて取り組みを進める中での1コマです。

学芸会では劇をすることになっています。各学級で1つの劇を演じます。そして、でき上がった劇は、何度かリハーサルをします。リハーサルでは、他の教師も見に来ます。同学年の教師が見に来ることもあれば、他学年の教師が見に来ることもあります。

この年のリハーサルは、次のように進みました。

「もう少し声を出して！　聞こえない」

「動きをもっと大げさにして！　何を演じているのかわからない」

このように、**どの教師もとにかくダメ出しをしていく**のです。

この学校に赴任したばかりで、教職4年目のA先生は、リハーサルといえばほめて終わるぐらいしか経験したことがなかったので、唖然としてその光景を見ていました。

演技をしている子の中には、ダメ出しを3回も4回もされるので、泣き出してしまう子も出る始末でした。

1人目の教師が10個ダメ出しをして、演技をやり直させます。そして、2人目の教師が新たに10個ダメ出しをして、演技をやり直させます。3人目、4人目…と続き、結局全員がダメ出しして終わるのです。

A先生はというと、できるだけほめるようにしました。ダメ出しが続いた中でほめるのですから、他の教師とは真反対の意見になることもあります。しかし、**できるだけ**よいところを探してほめました。ほめられた子は、自信を取り戻したように前を向きました。

こうして、A先生の学級のリハーサルの番になりましたが、やはりダメ出しだけで終わりました。学級担任は感想を言わないルールなので、言われっぱなしです。

このダメ出しで、子どもの動きがよくなればまだよかったのですが、言われた子は萎縮して、余計に動きがぎこちなくなるのでした。

結局、最初の演技が一番よかった、ということになりました。ダメ出しで自信もやる気もなくし、演技どころではなく、萎縮して声がまったく出なくなったのです。

A先生は、このとき、嫌と言うほど「ダメ出しをしても子どもの動きはよくならない」

と感じました。せっかくこれまで練習してきたのに強く否定されるのですから、子どもたちは自信がなくなってしまったのです。また、他の若い学級担任も、自分の指導が不十分だったのだと、自信を喪失してしまいました。

やる気も自信も奪われるダメ出し。結局、リハーサルをしない方がよかったぐらいだったのです。

また、このような雰囲気の中で、子ども同士の関係も悪くなっていきました。

リハーサルまでに、子ども同士で一生懸命教え合って練習してきたのに、他の教師から演技を否定されてしまったのです。別の演技の方がよいと指摘されてしまったのです。これまでの教え合いは何だったのか、という気持ちに子どもがなったのでした。

しかも、この出来事があってから、子どもたちに教え合いをしなさいと言っても、「けなし合い」で終わるようになりました。普段から教師が「ダメ出しで成長させる」という姿勢ですから、子どもがそれを真似るわけです。「ダメな見本＝教師」がすぐ近くにいるので、そのロールモデルの通りに行動しているのです。

子ども同士で演技を評価させても、非難が多く出されるようになりました。リハーサルの様子を真似て、友だちの演技を非難し合うようになったのです。

学級に「ほめ合う文化」を浸透させよう

こういった状況を改善するには、「できるだけよいところをほめる」という認識を、学年、あるいは学校の教師全員で共有する必要があります。

A先生の学校でも、次の年から、リハーサルを教師が見るときは、できるだけよいところをほめるという方向に変えていこうとしました。

ところが、影響力の大きいベテラン教師ほど、長年ダメ出しのみで指導してきたので、簡単には変わりません。

それでも、若手教師が中心となって、できるだけよいところをほめるという指導を徹底することで、わずかながらも状況は好転していきました。

ある年、状況が大きく好転するカギとなることがありました。それは、子ども同士の評価において次のルールをつくったことでした。

直してほしいところは言わない。よいところだけを見つけてとにかくほめる。

常にダメ出しをされるだけの雰囲気の中で学芸会の練習をしてきた子どもたちは、「ほめ合うだけのルール」に驚きました。

悪いところは、自然と目に入ってきます。意識しなくても悪いところは見えるのです。しかし、**よいところは探そうとしないとなかなか見えてきません。**「何かがんばっているところはないか」、「その友だちならではのよさはないか」と考え、見つけようとしないと見つからないのです。

最初からよいところを探そうと意識していると、友だちのよさやがんばりが次々と見つかりました。そして、子ども同士でほめ合うことができました。

「大きな声が出ていた！」

「役になりきってるのがいい！」

ほめ合いによって、子どもは自分の演技に自信をつけました。個性を生かそうと思うことができました。そして演技が上手にできるようになっていったのです。

こうして、子どもたちが互いをほめ合う中で、学芸会の練習ムードはガラッと変わりました。友だちのよさやがんばりに注目し、ほめ合う文化が、徐々に浸透していったのです。

学校全体が変わるのには時間がかかりましたが、1つ、また1つと、ほめ合う学級が増えていく中で、自然と「ダメ出し」のリハーサルは改善されていきました。

なお、**行事指導で浸透した「お互いのよさやがんばりをほめ合う」という文化は、学級に定着していき、あらゆる場面で効果を発揮するようになりました。**

「学習発表会で、友だちのよさを見つけてほめ合う」

「調べ学習の発表会で、プレゼンのよさを見つけてほめ合う」

「運動会の表現運動の練習で、がんばりを見つけてほめ合う」

こうして、子どもたちの意識はよい方向へ変わっていきました。「まわりの友だちは、自分のよさに気づいてくれる。だから、自分もまわりの友だちのよさを見つけよう」

そうして、このほめ合う文化がますます定着する、よい循環が生まれたのです。

人は、何かをやると非難や攻撃をされるという状況では力を発揮できません。

反対に、自分のよさやがんばりを認めてくれる集団の中では、大きな力を発揮できるようになるのです。

35

教師が「何もかもすべて」行おうとしている

教師になってまだ数年の若いB先生は、運動クラブの指導を任されることがよくありました。若くて運動が得意というのがその理由でした。

クラブ活動では、陸上クラブやバスケットボールクラブなどを任されていました。他にも、放課後に行われる陸上競技大会の指導や、水泳競技会の指導を任されることもありました。

クラブでは、20~30人の子どもたちを1人で教えます。運動競技大会の指導では、時には1人で50人以上を担当することもありました。人数が多いので、指導の難しさを感じていました。

手伝ってくれる教師が1人、2人いることもありますが、基本はB先生中心で指導を進めなくてはならなかったのです。

見本を見せるのもB先生、審判をするのもB先生。練習の指示を逐一出すのもB先生。とにかく、B先生が前面に出て、すべてを指導しないといけません。

経験を積むにしたがって、何とか全体指導はスムーズにできるようになりました。ところが、B先生には悩みがありました。

それは、**子どもの人数が多いので、一人ひとりの個別指導に手が回らず、個人に合ったきめ細かな指導ができない**ことです。一人ひとりの出来不出来を見取り、評価を伝え、練習方法を指示し、次に見たときに、どこができるようになったのかを伝えてフィードバックする。こういった「個別対応」ができなかったのです。

一人ひとりに細かな指導ができないので、記録も伸びず、子どもが成長していると感じることができませんでした。

このままではいけない。B先生はそう考えていました。どうも「労多くして益少なし」になっているのです。

何とか、B先生が自由に動ける時間を確保する必要を感じていました。

しかし、B先生にはやり方がわかりません。

結局、他の先生に手伝いをしてもらって、何とかしのいでいるという始末でした。

方法の工夫で、子ども主体で動く機会を増やそう

この状況を改善するポイントは、**子ども主体で動く機会を増やすこと**です。

この事例では、教師が何もかもすべて行おうとしています。

そうではなく、子どもに任せられるところを任せるべきです。つまり、子どもに主体性を発揮させる場面を増やすべきなのです。

そうすれば、自ずと教師が自由になる時間は増えます。教師が自由になる時間があるからこそ、個別評価や、個別指導、個別のフィードバックが可能になるのです。

子ども主体で動く機会を増やす工夫は、様々あります。

例えば、**練習メニューを配る**のも1つの方法です。

水泳では、学年100人程度の子どもがいると、教師が3人いても全体把握は困難です。

そこで練習メニューを配付します。メニューのどれを練習してもかまいません。途中で違うメニューを始めてもかまいません。子どもは主体性を発揮して選択していきます。

私の場合は、超初級コース、初級コース、中級コース、上級コースの４つの練習メニューを用意することがよくありました。

むろん、コースの名前は変えています。例えば、「水に慣れるコース」「ゆっくり長く泳ぐコース」「フォーム改善コース」「タイムトライアルコース」といった具合です。

練習メニューはプールに貼っておきます。子どもたちはそれらを見て、各コースを自分で選択し、練習します。練習メニューがありますから、それに従って練習を始めることができます。また、練習メニューを参考にして、「今日はこの練習を重点的に行おう」「今日は思い切ってタイムトライアルに挑戦しよう」などと主体性を発揮して取り組めます。

子どもは自分から進んで練習していますから、教師に余裕が生まれます。３人の教師のうち１人は全体を見ておき、１人は超初級コースに入り、１人は自由に動くといった感じで対応します。このように、余裕をもって役割分担できるのです。

クラブ活動でも工夫できます。バスケットボールクラブを受けもったとき、最初に次のように言いました。

「クラブは、みんなで協力してやるものです。最初は先生がやってみせたり、指示したりします。でも、最終的にはみんなで進めてください。クラブ長の〇〇さんと副クラブ長の○○さん、書記の○○さんを中心にやっていきましょう。今日は最初なので、先生が説明しながら活動を進めます。今日の流れが基本です。後は自分たちでアイデアを出してもかまいません。こんなふうに活動したいというアイデアをぜひ出してくださいね」

クラブの最初に、クラブ運営の方針や、このようになってほしいというゴールを示したのです。続いて、基本となる活動の仕方（練習メニュー）を次のように示しました。

「クラブが始まるまでにボールやゼッケン、得点板などを用意しておく↓チャイムが鳴ったら準備運動↓ドリブル練習↓シュート練習↓パス練習↓走りながらパス練習↓試合↓片づけ」

基本となる練習メニューが決まっているので、子どもだけで進めることができます。審判、得点係、タイムキーパーも全部子どもが行います。教師は自ずとフリーになります。だからこそ、全体を見て子どもの様子を把握しながら、個別対応に時間を割けるのです。

また、**柔軟に子どものアイデアを取り入れることができます**。定期的にトーナメント試合を行い、優勝チームと優秀選手賞を決めようといったアイデアが出されます。子どもたちは、「こんなことをやりたいな」という思いや願いをもっているものです。その思いや願いを反映できるようにするのです。

クラブ活動を子どもだけで進められるようになってくると、説明や指示などの「教師の話」の時間はほぼ必要なくなります。そのため、運動量の確保も可能になります。

なお、チーム分けは、クラブ活動までにクラブ長や副クラブ長で考えてきています。私も一応チェックします。しかし、変更することはほとんどありません。実力差も考えて、平等に分けていることがほとんどだからです。

子ども主体で動く機会を増やすことは、いろいろな場面で活用できます。教師が「子ども主体で動く機会を増やそう」と意識していると、やり方が思いつくはずです。そして、子どもにできることは子どもにさせたらよいのです。教師が何もかもすべてやる必要はありません。

任せられると思ったら、子どもにどんどん仕事や役割を与え、任せていくべきです。その方が、結局のところ、子どもに自立の姿勢や力がつき、教師は自由になって個別対応ができるという、一挙両得になるのです。

36

注意を与えるとき、「うまくいかなかったこと」を強調している

若いE先生は、行事指導の際、子どもによく注意を与えていました。

例えば、合唱や合奏をするとして、次のように子どもに言うのです。

「合奏のときに、ついテンポが速くなってしまいましたよね。特に太鼓などの打楽器のテンポが速くなりました。打楽器の人は気をつけなさい。速過ぎますよ」

このように、「こういうことができていないので、こういうことに気をつけなさい」と、注意点を繰り返し伝えるのです。

練習中に、注意すべきことや改善すべきことに気づかせるのは大切なことです。それによって上達のポイントがわかれば、より焦点化して練習に集中できるからです。

しかし、E先生の言い方には問題がありました。

「また、打楽器のテンポが速くなりました。前にも、気をつけなさいと言ったでしょう」

「低音パートの歌声が高音パートに引きずられました。この前も同じ失敗があって、気をつけなさいと言いましたよ」

このように、**失敗が繰り返されていることを強調してしまう**のです。結果として、苦手意識が強化され、子どもたちは同じ失敗を繰り返してしまうのでした。

E先生は、本番前にも失敗に気をつけるよう話をすることがありました。

「練習中、この間違いとあの間違いがありましたね。だから、本番は失敗をしないよう気をつけなさい」

子どもたちは言われた通り、間違えないことを意識しました。間違えた自分、間違えたときの指の運び、間違えたときのテンポなど、「うまくいかなかったこと」をイメージしました。その結果、本番でも結局間違えてしまったのです。

この現象は、学校現場でよく見られます。教師が「うまくいかなかったこと」を強調するので、そのイメージに引きずられて、結果として子どもが失敗してしまうのです。

何年か経ち、ようやくE先生は「『うまくいかなかったこと』を強調するために、そのイメージに引きずられ、子どもが失敗している」ということに気づいたのでした。しかし、ではどのように注意を与えればよいのかがわからなかったのです。

よりよいイメージに慣れ親しむよう導く

練習中に、注意点や改善すべき点を意識させることはよくあります。

しかし、注意を与える際の言い方に気をつける必要があります。

「今の楽器の演奏で間違っているところがありました。ここは、こういうふうに弾くのですよ」

このようにして、教師が手本を示すのです。**手本を示すことで、「うまくいった状態」をイメージさせます**。

すると、子どもの意識は、「うまくいかなかったこと」から、「うまくいった状態」に切り替えられていきます。「このような姿がゴールなのだ」という、理想の姿をイメージできるのです。

このイメージをもって練習に取り組んでいけば、結果としてうまく弾けるようになるのです。

もう少し力のある教師は、さらにきめ細かく指導できます。「こういうふうに弾くのですよ」とまずは手本を示します（手本を示せないのであれば、動画で理想的な演奏を提示するのでもかまいません）。

そうして手本を示した後で、子どもたちにやらせてみます。**子どものできているところを認め、ほめていきます**。できていないところは助言し、また練習をさせます。練習後に、再度個別に「できているか、できていないか」をフィードバックします。「できているところを認めてほめ、できていないところを助言する」を繰り返すのです。

このように、力のある教師は、手厚い指導を行っています。

ほんのちょっとの指導の違いなのですが、子どもの成長はまったく異なってきます。この、ほんのちょっとした指導の違いが、そのまま教師の力量の違いになっているのです。

心理学の有名な事例に、「白熊をイメージしないでください」というものがあります。「白熊をイメージするな」と強調されると、かえってシロクマのことが気になってきて、ついイメージしてしまうのです。

つまり、「うまくいかなかったこと」を強調して子どもに語ってしまうと、子どもはその「うまくいかなかったこと」をイメージしてしまうのです。

残念なことに、このことに意識が及ばない教師は、子どもの過去の失敗まで持ち出し、失敗が繰り返されていることを強調する場合があります。

「去年の音楽発表会のときも、結局合奏でうまく合わなかったですよね」

「いつも間違っているのだから、本番だけは気をつけてね」

この言葉かけは、悪いイメージを強化してしまいます。

特に、本番前などはよいゴールのイメージをもたせる声かけだけをすべきです。

「リハーサルはすばらしかったですね。でも、本番はきっとそのリハーサルも超えられますよ！」

リハーサルのビデオを撮っておき、見せながら語っても効果的です。うまくいった自分たちの姿を見せるのです。そして、「本番ではさらにできる」と、よりよいイメージをもたせるのです。その結果、本当にリハーサルの状態を超えることができるのです。

この話は、行事指導の場面に限ったことではありません。生活指導全般において言えることです。

片づけが苦手な子がいて、いつも机のまわりが散らかっているとします。その場合、教師は子どもの片づけを手伝ってやり、一緒に整頓してやればよいのです。

毎日、細かに整頓を手伝います。すると、整頓された状態がイメージできるだけでなく、その状態が当たり前になってきます。

すると、整頓されていない状態が「嫌だな」と感じるようになるのです。子どもが「うまくいった状態」に慣れ親しんでいるからです。そして、慣れ親しんでいる状態にしようと、自然に整頓する行動が始まるのです。

これまでにも繰り返し述べている通り、**学級経営全般で特に重要なのは、成功した姿＝ゴールを最初にイメージさせること**です。

成功のイメージをもたせ、その成功のイメージに慣れ親しませることが重要なのです。

人は慣れした親しんだイメージ通りに行動するようになるものなのです。

37

行事や生活指導のように「授業」で力を発揮できない

経験3年目の若いL先生は、行事の指導は得意でした。運動会や発表会、社会見学などでも、100人を超える子ども集団を相手に、自分が前面に出て指示を出し、全体を的確に動かすことができたのです。

もちろんL先生だけの力ではなく、学年団の教員の協力のおかげもありました。集団の動きについていてこられない子には、個別に指導をしてくれていたのです。

L先生は、休み時間に子どもたちと遊ぶのも得意でした。10～20人ぐらいの子ども相手にリーダーシップを発揮し、楽しい遊びをすることができました。

このようにL先生は、行事や日常の生活場面では、特に困ることはなかったのです。

ところが、授業だけは別でした。**授業だけはどうやってもうまくいかない**のです。うまくいかないどころか、子どもたちはいつも退屈そうにしているのでした。休み時間や行事に、あれだけいきいきしていた子どもたちが、授業では元気がなくなり、退屈そうにしているのです。いつも元気な子や、前向きにがんばる子が、意気消沈してしまっています。中には、眠そうにしている子や、消しゴムでひたすら遊んでいる子もいます。授業に熱中するどころか、普通に学習に向かうことすらしていないのです。

L先生には、自分の授業がどうしてこうもうまくいかないのか、理由がわかりませんでした。ただ、自分の授業がベテラン教師よりも劣るという自覚はありました。

というのも、ベテラン教師の授業を参観する機会が多くあったからです。ベテラン教師は、授業の展開がとても明確でした。最初にいくつか発問をして、子どもに問いをもたせます。その問いに対して、予想をさせます。意見が割れ、「調べたい」となったところで、子どもに解決させていきます。随所に話し合いや、調べ学習、発表などの場面があり、子どもの活動量も多いのです。

教師の説明が多いL先生の授業とは、最初から最後まで違うのでした。「いつか、あのベテラン教師のような授業ができるに違いない」。L先生はそう悠長にかまえていました。経験さえ積めば、うまく発問し、子どもだけの討論を実現し、子どもたちの主体的な探究や協同学習を促せるようになるはずだと思っていたのです。

ところが、いつまで経っても、よい発問は考えられるようになりません。かといって、子どもから問いを引き出せるわけでもありません。

また、経験を積んでも、主体的な学習や、子どもだけの討論、協同学習などは実現できないのです。子どもたちの様子を見ていると、ペアでの話し合いですら、適当に終わっている始末です。

そのころ、L先生の近くには、授業の上手な若い教師が複数いました。このことは、L先生の焦りに拍車をかけました。「授業の良し悪しに、経験や年齢は関係ない」という事実を突きつけられたのです。

L先生は、放課後になると、自分で発問を考えたり授業計画を練ってみたりといった地道な努力を続けました。しかし、いつまで経っても授業がうまくなっているようには思えませんでした。子どもたちは相変わらず授業になると退屈そうに過ごしているのです。

自分で考えた発問をしてみても、子どもの反応が悪く、かといって、子どもから問いを引き出そうとしても、うまく引き出せません。「何か疑問はありますか？」「調べたいことはありますか？」と尋ねるだけでは、良質な問いは子どもからは出てこないのです。

授業方法の知識を基礎から身につけ、意識して活用しよう

どんな職業でも、その職の遂行に必要な「知識・技能」の習得が欠かせません。授業をよりよくしようと思えば、当然、授業に関する「知識・技能」を、基礎から学ぶ必要があります。まさに「学問に王道なし」なのです。

順番としては、まず授業に関する「知識」を知る必要があります。

授業に関する知識には、様々なカテゴリーがあります。例えば、授業の目標、授業方法、評価方法、学習や心理学、発達、認知科学等の理論などです。様々なカテゴリーがある中で、若い教師がまず身につけなくてはならないのが「授業方法」です。授業方法とは、具体的な授業のやり方に関する知識のことです。

①授業技術　②授業内容・教材　③授業展開　④システム・形態

拙著『本当は大切だけど、誰も教えてくれない　授業デザイン 41のこと』（明治図書、

p・50）で、私は授業方法について前ページの４つの視点を示しました。

若いうちに、早めにこの４つの知識を学ばなくてはなりません。そして、この知識を学んだ後で、それを意識しながら、実際の自分の授業で使ってみるのです。意識しながら使うことで、徐々に知識を使いこなすことができるようになります。すなわち、授業の「技能」が身についてくるのです。こうして、少しずつよい授業ができるようになっていくのです。**教育方法をまず知識として知り、意識しながら活用することで技能が身につく**。

ここに、ただ経験を重ねるだけでは授業が上達しない理由があります。技能は経験を通して身につくのですが、そもそもどんな技能があるのかという知識を意識しておかないと、技能は身につきにくいのです。

例えば、授業には子どもがちょうどよいと感じる「リズムとテンポ」があります。このことを知識として知っているから、子どもの反応を見ながらリズムとテンポに気をつけるようになります。すると、徐々に子どもに合ったリズムとテンポを刻めるようになります。つまり、**「このような技能を身につけたい」という自覚があった方が上達が早い**のです。

他にも例えば、発問の際に、「知識に精通していなくても答えられる発問にした方がよい」という原則があります。理科の授業で言えば、次のような発問です。

「大腸は1・5mぐらいの長さがあります。小腸は人体模型で見るともう少し長そうですね。何mぐらいありそうですか?」(6~7m)、「小腸には突起がありますね。小腸を全部平らに伸ばすと広さはどれぐらいになりそうですか?」(テニスコートぐらい)、「地球にいる生物で、絶滅してしまったものがいます。例えば、こういう生き物です。さて、何が原因で絶滅したと思いますか?」(地球の劇的な変化、ライバルの出現、人間の乱獲、環境問題など)

このように、具体的な教育方法を知ったうえで、意図的にそれを使おうとして日々の授業を行うから、授業の技能が向上してくるのです。教育方法は手段ですから、目的に合わせて選ぶものです。効果的だと思える教育方法を教師が選べばよいのです。

私の場合は、実際どういう効果があったかを、日記に残してきました。例えば、リズムとテンポを意識して授業をしていたころは、次のような日記を書いています。

「最近、遅くもなく速くもなく、ちょうどいいペースで授業を進められるようになっている。理解の速い子も、理解の遅い子も満足するペース。集中力が落ちないペースで、緊張感も出てくるペースだ。授業には、どの子もちょうどよいと感じるリズムとテンポがあることを意識すれば、少しずつ身についていくのだ」

38

トラブルに目くじらを立て、「犯人捜し」をしてしまう

中学年を受けもつ、若いF先生の学級では、よくトラブルが起きました。

例えば、あるとき、掲示物がハサミで切られていたのです。せっかく飾りや写真を用意して、見栄えよく掲示していたのに、端の方がハサミで切られていました。

F先生は怒り心頭で、さっそく全員を集めてだれがやったのかを問いました。

しかし、名乗り出る子はいません。

放課後になってもF先生の悶々とした気持ちは収まらず、「自分の学級経営がまずかったのか」「子どもに荒れの兆候があるのか」などと自問自答するのでした。

ところが数日経って、ある子が教えてくれました。「○○君がハサミで切っているのを見たよ」と。

そこで、本人を呼んで尋ねてみました。すると「買ったばかりのハサミの切れ味を確か

めたくて、つい掲示物でやってしまったんです。ごめんなさい」とのこと。F先生がすごい剣幕で怒ったので、とんでもないことをしてしまったと思い、名乗り出られなかったのです。

「そうか、衝動的についやってしまったんだな…」とF先生は拍子抜けしました。

別のある日、また違うトラブルが発生しました。

黒板に「〇〇ちゃんきらい！」と落書きがしてあったのです。

それを見つけた女子3人組が知らせに来てくれました。落書きがあった教室は、特別教室なので、掃除のときぐらいしか入れません。

掃除を担当している子に聞いてもだれも知りませんし、気づかなかったとのこと。

結局、目撃者がいて、知らせにきた女子3人組が書いていたということでした。

どうも、その3人組はトラブルがときどき起きるのを楽しんでいたようなのです。

3人を呼んで話を聞いてみると、「〇〇ちゃんが嫌いなわけじゃなくて、ちょっとした事件が起きたらおもしろいかなって思って」とのこと。

それを聞いたF先生は怒ってしまいましたが、放課後になって冷静に振り返り、「そこまで目くじら立てることだったのか…?」と自問しました。

このようなことが立て続き、F先生が意気消沈していると、あるベテラン教師が助言してくれました。「小学生の子どもは、衝動的に行動してしまうことがある。一つひとつそんなに深刻に考えなくていいし、強く怒るほどのことでもないよ」と。

さて別の日。大盛りの給食がベランダに置いてあるのを子どもが発見しました。目撃情報があって、「○○君が隠していた」とのこと。その子を呼んで理由を聞くと、給食を残すと去年きつく叱られたので、つい隠してしまったということでした。

また別の日。ある保護者が、子どもが靴をカッターで切られたと訴えてきました。ところが、自作自演だったようで、数日経って「我が子が自分でやったことがわかりました」と保護者が謝りに来ました。「塾通いに疲れてしまって、ストレスでこのような行動を取ったらしいのです」と、保護者は申し訳なさそうに謝罪して行きました。

F先生は、ここに至って、「子どもの悪意に違いない」と決めつけている自分にハッとしました。F先生は、**いつもトラブルが起きるたびに、子どもの悪意だと確信して、犯人を捜し、怒ることを繰り返していた**のです。しかし、どうもそういう場合ばかりではないことに気づいたのです。悪気はなく、単におもしろがって行っていることもあるし、子どもが何かの思いや願いを訴えている場合もあることがわかってきたのです。

トラブルは理想の姿を意識させる好機と捉えよう

どんな学級でも、いろいろなトラブルが起きます。トラブルが起きるのは、若手教師だけでなく、ベテラン教師の教室でも同じです。

トラブルが起きたとき、まず教師が思うのは、「自分の学級経営が悪かったのではないか」ということです。これは正しい振り返りです。学級経営にまずいところや弱点があるから、子どもに無理が出て、トラブルの形で噴出している場合が少なくないからです。

例えば、「先生が自分のことを不当に扱っている」「学級の雰囲気が競争を煽っていてとても窮屈に感じる」などと不満をもったことでトラブルを起こす子もいます。「子どもは何に対して不満をもっているのだろう」。まずそれを考えるのは、教師の姿勢としては正しいのです。

しかし、この事例でも明らかなように、**トラブルの原因は教師や学級経営に対しての不満ばかりではありません**。学級集団、保護者、友だちなど、不満の対象は様々です。

それ以前に、おもしろ半分でトラブルを起こしている場合もありますし、そのときの気分や衝動でつい、というような場合もあります。ですから、何か事が起こるたび、「子どもの悪意に違いない。犯人を見つけて解決しなければ」と目くじらを立てても、あまり益がないどころか、不利益の方が多いことがあるのです。

こういったときは、子どもの目先を変えていくべきです。

教師が問題に注目して、「だれがやったんだ！」と目くじら立てて犯人捜しをしている状況では、教師も子どもも「ダメな現象」に意識が向いてしまっています。

そうではなく、**「理想の姿（ゴール）」に意識を向けさせる**のです。

「掲示物がちょっと傷んでいたんだけど、残念です、掲示物がいつもきれいな教室にしたいですね。だれか掲示物をきれいに飾るのを手伝ってくれたらうれしいです」

このように、全体に「これが理想の姿なのだ」というビジョンを示し、「それに向かって、このような行動にエネルギーを注げばよいのだ」という具体的な行動を示していくのです。

もし個別に話を聞かないといけない出来事が起きたら、一人ひとりに話をするときに、理想の姿の話をするのです。その子が目指す今年の目標や、どんな生活を送りたいか、といった話をします。

すると、子どもも教師も、理想の姿の方へ意識が向きます。

起こしてしまったダメな現象には、意識を向けないのです。

理想の姿（ゴール）のイメージをもたせるからこそ、未来志向の話ができるのです。ひょっとしたら、そのときに「困っていること」「不満に思っていること」を話してくれるかもしれません。しかし、その不満も、理想の姿を意識しながら、今このように自分は生活したいという方向で話してくれるはずです。

×「こんな嫌なことがあり、こういった現状は不満だ」という話を聞く
○「こんな未来の理想の姿を目指していて、今はここが不満だ」という話を聞く
同じ不満に触れるにしても、理想の姿を意識して話す方が生産的なのです。

話を聞いてくれる人がいると、人は自分の思いをわかってもらえたと感じ、不満は解消していきます。**トラブルに目くじらを立てて犯人捜しをするより、理想の姿を意識させる好機が訪れたと思って、そのことについて話す時間を取った方がよい**のです。

また、**定期的に教育相談の時間を取るなど、システムとして未来志向で話し合える場を用意するのも効果的**です。

39

全体が落ち着いていることに安心し、「個々の不満や願い」を見落としている

若いG先生の学級は、２学期になって、全体としては落ち着きを見せるようになってきました。授業では前向きに学ぼうとする子が増えてきましたし、普段の生活でもルールやマナーを守って生活しようとする子が増えてきたのです。

４月は荒れの兆候も見られたことを考えたら、場に応じた適切な行動を取る子が増えてきたと感じていました。

ところが、一部の子が不満をもらすことが気になっていました。

例えば、ＡＤＨＤのＡ君は、いつも「授業がおもしろくない！」などと平気で言い、退屈な授業だと机に突っ伏してしまうのです。

また、学級アンケートを実施する時期になり、無記名でのアンケートを実施したところ、おとなしいＢ君が、「学級がおもしろくない。みんなから相手にされていない」などと書

いていたのです。

G先生は学級が表面的にはうまくいっているように見えていたので、ショックを受けました。学級アンケートを行う時期になって、はじめて「この学級はうまくいっていないところがある」ということを知ったのです。他にも、無記名のアンケートには、学級経営や担任への様々な不満が書かれていたのでした。

「先生は、一部のがんばる子だけをひいきしている気がする」

「仲のいい友だちで固まっている人がいて、その人たちは他の人と協力しようとしない」

「A君が真面目にやっていないときにも、先生は何も言わないのに、自分たちが真面目にやっていないと、すぐに注意されるので、A君だけが得をしている気がする」

「毎日意地悪をしてくる人がいて困っています」

全体としては落ち着いて生活できているものの、子どもたち一人ひとりは実に様々な不満をもっていることがわかったのです。

ここにきてG先生は、一人ひとりの思いや願いに耳を傾けていなかったことに気づきました。また、不満をもっている子の意見に耳を傾けていなかったことにも気づいたのです。

指標となる子の様子に気を配ろう

学級経営のどこに不満があるのか。それをあぶり出す方法をもっておくことは大切です。言い換えると、**個々が充実や幸せを感じているかを調べる方法**です。例えば、「**無記名のアンケート**」や、「**休み時間にだれと遊んでいるのかの調査**」などの方法があります。

無記名だと、言いにくいことも書けるので、より正確に子どもの思いをつかめます。「熱意をもって何かに取り組めていますか」「感謝されたり認められたりしていますか」「自分の強みを生かせていますか」などと尋ねます。「①個人の能力の面」「②対人関係の面」「③生き方の面」に関して、アンケートを行うわけです。

また、だれとだれが遊んでいるのかを調べると、子ども同士の人間関係がわかります。子ども（大人でも）の不満は人間関係が原因となっていることが多いからです。アドラー心理学のアドラーは、人がもつ悩みのすべては人間関係からきていると主張しているぐらいです。人間関係をつかめば、子どもの幸福度や不満点が明らかになるのです。

その他の解決策として、**学級経営がうまくいっているかどうかの「指標」となる子に注目するのもよい方法**です。

例えば、昨年度いじめに悩んでいた子がいたとします。引き継ぎでそう聞いたなら、その子が満足する学級経営を考えるのです。いじめをなくすことはもちろん、よい人間関係を築けるよう導きます。そして、子どもに自信をつけ、夢に向かって挑戦できるように助けていきます。このような学級経営は、他の子も満足するものになっているはずです。

さて、この学級の場合、ＡＤＨＤの子に注目するのもよい方法です。

この事例では、教師がダメな授業をしていたら、「おもしろくない！」と言ったり、机に突っ伏したりしています。この行動は、「自分に無理が出ている」「困っている」とサインを出しているのです。サインをしっかり教師に送ってくれるのですから、教師としては自分のまずい指導をその都度把握できます。

そしてここが重要なのですが、ＡＤＨＤの子が思っていることは、他の子も思っていることが多いのです。**他の子も思っているけれど、衝動を抑え、我慢しているだけ**なのです。

教師自身が、指標となる子の反応や声に耳を傾け、自分の学級経営の糧にし、反省材料にしないといけないのです。私自身も、詳細で丁寧な板書にしようと思ってカラフルなきれいな板書にしたところ、特別支援を要する子に「黒板を見てもサッパリわからない！」と言われたことがあります。他にも、授業中に少し脱線して別の話をしたところ、「脱線した話の方がおもしろくて、授業の内容が頭に残っていない」などと言われたことがあります。反省することしきりでした。

うまくいっていると教師が思える学級でも、子どもの不満は出てくるものです。学級経営で100点満点はなかなか実現できません。それよりも、**「100点を目指す取組が延々と続くのが学級経営なのだ」と思って改善し続ける方がよい**のです。

以下、3年生を担任していた当時の私の日記を紹介します。

「『友だちをつくるのが苦手だ』と言っていたIさん。『今年こそ友だちがほしい』というので、なんとか学級の中で友だちになれそうな子と一緒に休み時間に遊ぶよう仕向けていった。3学期になり、休日中に友だちと探検に行ったと日記で報告してくれた。仲良し4人組で遊ぶようになったのだ。ここまで長い道のりだった。

4人のうち3人が、日記に探検のことを書いていた。『とても楽しかった』『雨がふったけど、石の屋根の下で雨宿りをした』『おかしをみんなで食べて楽しかった』などと書かれていた。

Iさんはというと、4ページにわたって、楽しかったことをぎっしりと書いていた。事前に探検に行くことを知っていたので、当日が雨だったので心配していた。だが、杞憂に終わって本当によかった。遊ぶのを楽しみにして、様々な準備をしていたIさん。双眼鏡や、おやつ、その他、武器となる剣も用意していたらしい。最近、野生の動物（タヌキかイタチ）が山で出たらしく、もし出会っても剣で戦うのだそうだ。

ここまで楽しみにしていたのに雨だったので、『ひょっとして探検が中止になったのでは？』と心配していたのだが、探検中に雨が降ってきたことが幸いし、親密度が増す出来事があったらしい。雨宿りのために石置屋根の下に入り、そこで4人で肩を寄せ合って、おやつを食べたそうだ。それが妙に楽しかったということである。最後は、親御さんが心配して車で迎えに来たとのこと。友だちの車に乗れたのも最高の思い出になったということである。『また次も行こう』と日記は結ばれていた」

なお、今年はよい学級になったと思えるときに、保護者から不満が出ることもあります。**子どもの心の声が保護者から届く**わけです。「もっと自分の子を見てください」と。

私たち教師は、学級の子どもたちの思いや願いを、様々な形で正確に把握しようとしなくてはならないのです。そして100点を目指して改善を続けていくべきなのです。

40

「過去につくられた色眼鏡」で、現在の子どもを決めつけている

N先生は、若手ながら生徒指導主事を務めていました。生徒指導主事なので、学校内外のトラブルが、よくN先生のところへ持ち込まれました。

ある日、校長が「A君が万引きしたらしい」とN先生に伝えに来ました。

そして紙を渡されました。その紙には、A君の名前と、盗んだもののリストが事細かに書かれてありました。盗んだ日付と店名もありました。校長から「A君が絶対やったに違いないから話を聞き、指導しておいてほしい」と、念押しされました。A君は、ちょうどN先生が担任していたので、聞き取りと指導を依頼されたのです。

そこでN先生は、休み時間にA君を呼び、話を聞くことにしました。話を聞くと、「僕は2年生までよく万引きをしていたけど、3年生になってからは決してやっていません。一度もやっていません」と、きっぱりと言いました。その表情は真剣そのもので、うそを

言っているようには見えません。

N先生は動揺しながらも、校長に渡された紙を見ながら、「でも、○月○日に○○を持って帰ってしまったんじゃないの？」「○月○日には、○○が店からなくなったって書いてあるけど」などとあれこれ尋ねました。しかしA君は「絶対にやっていない」と確信をもって答えます。A君の表情は、徐々にN先生への不信感をあらわにしていました。

「どうもおかしい」。そう感じたN先生は放課後になって、校長へ再確認しました。「本当にA君がやっていたという情報があるのですか」と。

すると、校長はばつの悪そうな顔をして言いました。「いや、実は、A君の弟がやっているのを見た人はいたけど、兄のA君はわからないんだ。紙の名前は弟の名前の間違いで…。A君もどうせやっただろうと思って」。N先生は絶句するしかありませんでした。

校長はこう考えたのです。「弟が万引きしたところを店員が見たと言っている。だったら、去年まで万引きをしていた兄も万引きに絡んでいるか、もしくは別の日に万引きしているはずだ。だからN先生に尋問させ、兄も万引きに絡んでいるか調べておこう」

N先生はあきれてしまい、結局「間違いでは済みませんので、次からは『疑わしきは罰せず』でいきましょう」と言うのが精一杯でした。

実は以前にも同じようなことがあったのです。

「E地区の子が、帰り道でいじめをしている」という保護者の訴えがあったときの話です。「ただちにE地区の子を全員調べるように」と校長の指示が出たのでした。

ところが実は、訴えた保護者の子どもの虚言であることが次の日にわかったのです。危うくE地区の全員の子が濡れ衣を着せられるところでした。

このときも、決めつけで「絶対にE地区の5年生が怪しいから調べるように」との厳命が校長から出ていたので、5年生が執拗に取り調べを受けることになりました。

結局校長の情報が間違っているとわかり、5年の担任は激怒したのですが、これも、**犯人を決めつけ、悪事をあぶり出そうという姿勢**が招いたことと言えます。

さて、N先生は生徒指導主事なので、A君の弟にも話を聞き、放課後に弟の担任に伝えました。「基本的にこれは家庭の問題です。しかし、せっかく万引きが明らかになったのですから、指導のチャンスです。おうちの人に電話をして、万引きが起きないよう話してもらうことと、学校の方でも話をする旨を伝えてください。弟君もいつかは万引きがダメだと気づくはずです。兄もやっと最近わかってきたのです。弟君が万引きをしなくなるよう、先生が教えてあげてください。お世話になります」

過去の子どもの姿にとらわれず、未来に目を向けよう

この事例には、大切なポイントがいくつもあります。

兄のA君は、新しい学年になり、がんばるようになっていました。

確かに去年までは、問題行動があり、指導される場面が多かったのです。しかし、３年生になり、新しい自分を描くことができるようになりました。

「自分は万引きなどしない人だ。自分は勉強もスポーツもやればできる人だ。みんなにとって役立つ人になれるんだ」と、新しい自分を描くようになっていたのです。

高い目標を描き、そして、新しい学年ではがんばるのだと決意していたのです。

それは劇的とも言える変化でした。３年生になってしばらくして、高い目標を描くようになりました。そして成功体験を重ねる中で、新しい自分を描けるようになったのです。

校長は、このA君の変化についてこれていなかったのです。「去年も問題行動が多かった。だから今回も万引きしているに違いない」と決めつけたわけです。

実は、このような「過去はこうだったから、現在はこうだろう」という「過去の延長線上で現在の子どもを見る」ことは、普通に行われています。この見方が普通だからです。その子が劇的に変化したとは考えないわけです。

いわば、**「過去につくられた色眼鏡による決めつけ」を教師は無意識にしている**のです。人はだれでも、「自分がそう信じている」ものしか見えていません。

目に映った物事を、何らかの自分の解釈を通して理解しているからです。だから、自分が「この子は万引きする子だ」と思ったら、そう思える言動しか目に映らなくなります。「いつも悪口を言っているトラブルメーカーだ」と思えば、そういう言動しか目に入らなくなるのです。

言い方を変えると、人は、自分が「重要だ」と思うことしか目に映らないのです。人それぞれの思い込みに合致した情報だけを選択して認識しているというわけです。このことは、教師全員が共有すべき「重要な知識」です。

教師一人ひとりが自分だけの色眼鏡をもっていて、その色眼鏡で世界を見ています。だから、**複数の教師の目で子どもを見ることが大切**なのです。

担任が「この子は本当にやんちゃな悪い子だ」と思っていても、他の教師には、「あの子は毎朝、校庭の掃除のボランティアを手伝ってくれるんだ」「あの子は低学年にとても優しくて、いいお兄さんなんだ」「この前、すごくよい意見を委員会で発表していたよ。よい発想をもっているね」などとまったく別の情報が見えていることがあるのです。

色眼鏡は、過去の出来事からつくられています。過去に子どもが行ったこと、過去に教師が見てきたものからつくられています。私たち教師は過去の子どもの様子にこだわる必要はないのです。むしろ、未来にこそ目を向けないといけないのです。「未来にその子が成長したら、こんなすばらしい子になるだろう」とイメージした方がよいのです。そして、その未来のイメージに合致した情報だけを選択して認識するようにすべきです。

一部の情報しか選択して認識できないのなら、「未来のよりよい子どものイメージ」に合致した情報だけを認識して、その子のがんばりを認めてあげる方が生産的です。

不思議なことですが、「こんなよさがある」と思っていると、そのよさに合致した情報が急に見えてきます。「やんちゃな○○君は低学年に優しい」という情報を聞くと、年下の子に優しくしている姿が見えてくるのです。そしてその姿をほめることができます。

これを、**他の教師から聞いてはじめて行うのではなく、自覚的に行えるようになる必要がある**のです。

その他の参考文献一覧

『本当は大切だけど、誰も教えてくれない　授業デザイン　41のこと』大前暁政（著）、明治図書、2021

『本当は大切だけど、誰も教えてくれない　学級経営　42のこと』大前暁政（著）、明治図書、2020

『本当は大切だけど、誰も教えてくれない　教師の仕事　40のこと』大前暁政（著）、明治図書、2020

『できる教師の「対応力」―逆算思考で子どもが変わる』大前暁政（著）、東洋館出版社、2022

『教師1年目の学級経営―担任スキルと広い視野を身につけるために』大前暁政（著）、東洋館出版社、2021

『先生のためのセルフコーチング―自分への問い方次第で教師人生は変わる！』
大前暁政（著）、明治図書、２０１８
『大前暁政の教師で成功する術』（著）大前暁政、小学館、２０１６
『子どもを自立へ導く学級経営ピラミッド』大前暁政（著）、明治図書、２０１５
『大前流教師道　夢をもちつづけることで教師は成長する』大前暁政（著）、学事出版、
２０１５
『プロ教師直伝！　授業成功のゴールデンルール』大前暁政（著）、明治図書、２０１３
『スペシャリスト直伝！　板書づくり成功の極意』大前暁政（著）、明治図書、２０１２
『学級担任が進める通常学級の特別支援教育』大前暁政（著）、黎明書房、２０１２
『若い教師の成功術』大前暁政（著）、学陽書房、２００７

『ＷＨＹでわかる！　ＨＯＷでできる！　理科の授業Ｑ＆Ａ』大前暁政（著）、明治図書、２０２０
『なぜクラス中がどんどん理科を好きになるのか　改訂・全部見せます小３理科授業』大前暁政著（著）、教育出版、２０２０
『なぜクラス中がどんどん理科のとりこになるのか　改訂・全部見せます小４理科授業』大前暁政（著）、教育出版、２０２０
『なぜクラス中がどんどん理科に夢中になるのか　改訂・全部見せます小５理科授業』大前暁政（著）、教育出版、２０２０
『なぜクラス中がどんどん理科を得意になるのか　改訂・全部見せます小６理科授業』大前暁政（著）、教育出版、２０２０
『どの子も必ず体育が好きになる指導の秘訣』大前暁政（著）、学事出版、２０１１

おわりに

教師は100点満点の学級経営を目指し、日々学び、力を尽くしています。

それでも、うまくいくこととうまくいかないことがあります。

うまくいったことから学べる人は多くいます。思い返すのも、実践がうまくいったときのことばかりです。その方が、自尊心は傷つきませんし、教師としての貢献を感じられるからです。

一方で、うまくいかないことから学ぶのは、だれにとっても困難です。自分の失敗からは、目を背けたいとだれもが思うからです。しかし、実は、自分の失敗から学ぶことで、学級経営の大きな改善につながることが多いのです。本書ではその一端を示しました。

うまくいかなかった実践から学ぶためにも、1つ気をつけたいことがあります。

それは、**教師が最初から「うまくいかないだろう」と思っていてはいけない**ということです。

実践を行う前に深く広く学び、準備をし、計画を立てて、「これならうまくいくはずだ」と考えて実践をします。しかし、それほどまでに準備をしたにもかかわらず、うまくいくはずだった実践に改善すべき点が見つかることがあるのです。

そんなときに、「どうしてうまくいかなかったのだろう」と考えるからこそ、学びが多くなるのです。自分が気づいていなかったこと、意識に上りもしなかった「盲点」に気づくことができるのです。

学びもせず、準備や計画もせず、行き当たりばったりの思いつきで教育を進めているのなら、失敗して当然です。いえ、失敗だらけになるでしょう。

失敗だらけの状態から学ぶことは、非常に困難です。なぜなら、その状態では自信を失い、自尊心が傷つけられ、教師として貢献できている実感もないまま、日々トラブルへの対応に追われてしまうからです。これでは反省する余裕は生まれませんし、心身ともに疲弊してしまいます。

つまり、「反省や振り返り、内省をしていれば、教師の力は向上する」などとは、安易に言えないのです。教育の専門的な知識と技能を学び、身につけた教師が、自らの実践の弱点から学ぼうとするとき、大きな学びになり、教師の力は向上するのです。

本書の執筆では、明治図書出版の矢口郁雄氏に企画段階から多大な支援をいただきました。記して感謝申し上げます。

本書が、読者の先生方が「学び続ける」ことへの一助になることを願ってやみません。

2022年12月

大前　暁政

【著者紹介】

大前　暁政（おおまえ　あきまさ）

岡山大学大学院教育学研究科修了後，公立小学校教諭を経て，2013年４月京都文教大学に着任。教員養成課程において，教育方法論や理科，教職実践演習などの教職科目を担当。「どの子も可能性をもっており，その可能性を引き出し伸ばすことが教師の仕事」ととらえ，学校現場と連携し新しい教育を生み出す研究を行っている。研究分野は，理科教育，教育方法，学級経営，生徒指導，特別支援教育，科学教材，教授法開発，教師教育など多岐に及ぶ。

〈主な著書〉

『本当は大切だけど，誰も教えてくれない　授業デザイン　41のこと』『本当は大切だけど，誰も教えてくれない　学級経営42のこと』『本当は大切だけど，誰も教えてくれない　教師の仕事　40のこと』『子どもを自立へ導く学級経営ピラミッド』（以上明治図書），『なぜクラス中がどんどん理科を好きになるのか』（教育出版），『できる教師の「対応力」逆算思考で子どもが変わる』『教師１年目の学級経営』（東洋館出版社）他多数。

まちがいだらけの学級経営

失敗を成長に導く40のアプローチ

2023年１月初版第１刷刊　©著　者　大　前　暁　政

発行者　藤　原　光　政

発行所　明治図書出版株式会社

http://www.meijitosho.co.jp

（企画）矢口郁雄（校正）大内奈々子

〒114-0023　東京都北区滝野川7-46-1

振替00160-5-151318　電話03（5907）6701

ご注文窓口　電話03（5907）6668

＊検印省略　組版所　株　式　会　社　カ　シ　ヨ

Printed in Japan　ISBN978-4-18-319042-0